100 DÚVIDAS DE INGLÊS

GRAMÁTICA

Preparação de texto: Elza Mendes
Projeto gráfico de capa e miolo: Laura Lotufo

Dados Internacionais de Catalogação na Publicação (CIP)
(Câmara Brasileira do Livro, SP, Brasil)

Ribeiro, Fernanda
100 dúvidas de inglês: gramática / Fernanda Ribeiro, Rafaela Lopes. — Barueri: Disal Editora, 2022.

ISBN 978-65-88123-07-2

1. Inglês - Estudo e ensino I. Lopes, Rafaela. II. Título.

22-129499 CDD-420.7

Índices para catálogo sistemático:
1. Inglês: Estudo e ensino 420.7
Eliete Marques da Silva - Bibliotecária - CRB-8/9380

DISAL EDITORA

Alameda Mamoré, 911 - cj. 107
Alphaville - Barueri - SP
CEP: 06454-040
Tel. / Fax: (11) 4195-2811
Visite nosso site: www.disaleditora.com.br
Televendas: (11) 3226-3111

Fax gratuito: 0800 7707 105/106
E-mail para pedidos: comercialdisal@disal.com.br

Fernanda Ribeiro Rafaela Lopes

100 DÚVIDAS DE INGLÊS

GRAMÁTICA

Explicação teórica detalhada com exemplos extraídos de contextos reais de uso do idioma

DISAL EDITORA

Agradecemos a todos aqueles que são presentes em nossas vidas, que apoiam e que incentivam os nossos passos. Somos o resultado da confiança e amor depositados em nós por cada um de vocês.

Fernanda Ribeiro e Rafaela Lopes

SUMÁRIO

VEJA TAMBÉM: RESUMO DOS TEMPOS VERBAIS

APRESENTAÇÃO

100 dúvidas de gramática para ajudar você a ficar **sem** dúvidas de gramática!

Este livro é resultado de nossos longos anos de experiência com a língua inglesa, seja como aprendizes, seja como docentes, e foi pensado para atender de modo geral a qualquer pessoa que decidiu se aventurar ou se aperfeiçoar no interminável e prazeroso processo que é aprender essa língua estrangeira, cujo conhecimento, ainda que básico, mostra-se praticamente obrigatório na atualidade em virtude das transformações e demandas do século 21.

A gramática permeia os diversos componentes que regem o funcionamento de uma língua (como o fonológico, o morfológico e o semântico, por exemplo) e, portanto, está sempre presente no processo de aprendizagem de qualquer idioma, independentemente do objetivo estabelecido para o seu estudo. Por isso, negligenciar a gramática pode diminuir significativamente – ou até interromper – sua caminhada ao propósito que você deseja. Nesse sentido, se o seu aprendizado de inglês decorre da necessidade de obter aprovação em algum concurso, de se comunicar em países onde o inglês é falado, ou de qualquer outro objetivo proposto, o estudo da gramática é fundamental.

As **100 dúvidas** que trazemos neste livro são organizadas em ordem alfabética, e a escolha dos tópicos teve como critério as dúvidas recorrentes dos nossos alunos, as indagações advindas de nossas vivências e interações cotidianas com outros falantes de inglês e, também, as reflexões surgidas ao longo dos nossos estudos e aperfeiçoamento profissional.

- Cada tópico gramatical é explicado de forma didática e detalhada e, sempre que possível, estabelecemos comparações com o português para uma melhor compreensão do conteúdo.

- Toda vez que um tópico puder ser complementado por outro(s), fazemos a ponte entre eles, indicando, na abordagem teórica, qual(is) dúvida(s) você, leitor, pode consultar para entender mais sobre o assunto que está sendo discutido.
- De forma a ilustrar a explicação teórica, as **100 dúvidas** trazem frases acompanhadas de suas respectivas traduções para o português e também uma seção que chamamos de Aplicação, destinada a trechos retirados de sites de notícias como BBC, CNN, The Guardian, USA Today, The New York Times, Fox e tantos outros a fim de que o estudante veja a teoria gramatical aplicada em contextos reais de uso da língua inglesa.

No final do livro, oferecemos uma seção intitulada "Veja também", que traz um resumo completo dos tempos verbais, partindo do verbo *to be* até as estruturas de tempo perfeito, cujo objetivo é servir como guia rápido de consulta para quem está começando a aprender e a diferenciar os tempos verbais e, também, para quem precisa revisá-los e reavivá-los na memória.

Este livro foi escrito com muito carinho e pesquisa e é destinado a graduandos em Letras, a professores de inglês e a todos os que estejam aprendendo a língua com propósitos variados.

E, para continuar se aperfeiçoando, não deixe de consultar as referências bibliográficas ao final deste volume. Afinal, aqui nos limitamos a sanar apenas **100 dúvidas** de gramática, contribuindo para que você fique sem dúvidas em relação ao assunto!

Desejamos bons estudos e muito sucesso!

Cheers,
Fernanda Ribeiro e Rafaela Lopes

100 DÚVIDAS DE INGLÊS

GRAMÁTICA

1

A FEW OU **A LITTLE**?

Empregamos o determinante ***(a) few*** com substantivos contáveis no plural e ***(a) little*** com substantivos incontáveis, portanto no singular (consulte a dúvida **76** para saber mais). O emprego da letra ***a*** – entre parênteses – não é opcional, no sentido de que sua presença ou ausência não acarreta diferença de significado. Na verdade, existe uma distinção de uso entre ***a few*** e ***a little***, de um lado, *versus* ***few*** e ***little***, de outro. Vejamos:

A few e ***a little*** possuem um sentido mais positivo, significando, respectivamente, "alguns(mas)" e "algum(a)" (e sinônimos), sendo seus usos equivalentes aos de ***some*** (algum, alguma, alguns, algumas):

*I've found **a few** dollars in my pocket. Let's buy some ice-cream.*
Encontrei **alguns** dólares no meu bolso. Vamos comprar sorvete.

*She has come up with **a few** ideas that are worth considering.*
Ela pensou em **algumas** ideias que vale a pena considerar.

*You have **a little** chance of getting the first place.*
Você tem **alguma** chance de obter o primeiro lugar.

*Could I have **a little** of that ketchup on the counter?*
Eu posso pegar **um pouco** daquele ketchup no balcão?

Few e ***little***, por outro lado, carregam uma conotação negativa, trazendo ideias de "pouco", "praticamente nada", "quase zero", entre outras. Podem, também, estar precedidos de palavras como ***only*** (= apenas) para reforçar o sentido negativo. Veja:

*They published a book a year ago, but only **few** people have read it.*
Eles publicaram um livro há um ano, mas apenas **poucas** pessoas o leram.

***Few** of you got the maximum grade.*
Poucos de vocês conseguiram tirar nota máxima.
*I'm sorry, but there's **little** we can do considering the situation.*
Desculpe, mas há **pouco** que podemos fazer considerando a situação.
*Does anybody here have a phone charger? My mobile has **little** battery.*
Alguém aqui tem um carregador? Meu celular está com **pouca** bateria.

Para te ajudar a consolidar a diferença de uso entre os dois grupos, compare os dois pares de frases abaixo. Comecemos com ***a few*** x ***few***:

*Rhetoric classes are difficult, but **a few** people succeed.*
Aulas de oratória são difíceis, mas **algumas** pessoas logram êxito.
*Rhetoric classes are difficult, and **few** people succeed.*
Aulas de oratória são difíceis, e **poucas** pessoas logram êxito.

Na primeira frase, podemos entender que um número de pessoas razoável (nem muito, nem pouco), maior do que o esperado, sai-se bem em aulas de oratória; ao passo que, na segunda, interpretamos que, de uma turma de vinte alunos, em torno de cinco conseguem ir bem na aula. Ou seja, quase ninguém.

Compare agora ***a little*** x ***little***:

*If you give roses **a little** water every day, they will bloom beautifully.*
Se você der **um pouco** de água às rosas todos os dias, elas florescerão lindamente.

*If you give roses **little** water every day, they will die.*
Se você der **pouca** água às rosas todos os dias, elas morrerão.

Na primeira frase, entendemos que as rosas se desenvolverão bem se receberem água o suficiente (nem muita, nem pouca) todos os dias. Não obstante, conforme a segunda frase nos mostra, as rosas morrerão se forem regadas com uma quantidade abaixo do esperado para garantir-lhes um bom crescimento.

Consulte também a dúvida **54** para complementar os estudos deste tópico.

APLICAÇÃO

*But according to a new study, most untruths are told by **a few** "super-liars" and the rest of us are in fact fairly honest.*

– DAILY MAIL

Porém, de acordo com um novo estudo, a maioria das inverdades são contadas por **alguns** "supermentirosos" e o resto de nós é de fato bastante honesto.

*South Sudan: How to deliver Covid vaccines in a country with **few** roads.*

– BBC

Sudão do Sul: Como entregar vacinas contra covid em um país com **poucas** estradas.

*The House bill has **little** chance of becoming law and is largely symbolic given Republican opposition in the Senate.*

– ABC NEWS

O projeto da Câmara tem **poucas** chances de se tornar lei e é em grande parte simbólico dada a oposição republicana no Senado.

*Vernon Mounties asks for **a little** caution before sharing scare-mongering misinformation.*

– GLOBAL NEWS

Vernon Mounties pede **um pouco** de cautela antes de compartilhar desinformação assustadora.

2

A OU AN?

O artigo indefinido em inglês é ***a/an***, e sua tradução sempre será "um" ou "uma". Para dizer "uns" ou "umas", emprega-se ***some***.

A forma ***a*** sempre será usada quando a palavra seguinte se iniciar com som de consoante. Para empregar o artigo corretamente, é necessário, portanto, saber como o início da palavra é pronunciado (os símbolos entre barras indicam o som da primeira letra do vocábulo). Veja os exemplos:

a cat /k/
a cellphone /s/
a bus /b/
a teacher /t/
a mouse /m/
a pen /p/

Por sua vez, ***an*** figurará antes de uma palavra cujo som inicial for vocálico. Em consequência disso, de modo a empregar essa forma corretamente, é necessário, portanto, saber como o início da palavra é pronunciado (os símbolos entre barras indicam o som da primeira letra do vocábulo). Veja os exemplos:

an apple /e/
an elevator /e/
an idiom /i/
an octopus /o/
an amazing day /a/
an emblem /e/

ATENÇÃO 1 Nestas quatro palavras, o *h* não é pronunciado; logo o som inicial é vocálico, levando ao emprego da forma ***an***: *honor*, *heir*, *hour* e *honest*. Compare com *hospital*, por exemplo: ***a*** *hospital /r/*, *h* pronunciado como o *r* no dialeto carioca, como na palavra "rato".

ATENÇÃO 2 Na maioria dos casos, a consoante que começa uma palavra tem realmente um som consonantal, e pode-se dizer o mesmo em relação às vogais. Porém, cuidado com as exceções. Veja:

a university /y/
a European country /y/
a one-story building /w/

As vogais sublinhadas nas palavras acima produzem um som consonantal, expresso entre barras. A pronúncia dessas vogais pode variar de acordo com a palavra, o que vai determinar se a forma escolhida do artigo deve ser ***a*** ou ***an*** (por exemplo: ***an*** *umbrella*, ***an*** *Uber*, ***an*** *episode*, ***an*** *ordinary day* etc.). Por isso é sempre importante identificar o som, recorrendo, se necessário, ao auxílio das transcrições fonológicas encontradas nos dicionários, ao lado da palavra consultada.

APLICAÇÃO

Mr. Al-Assadi said he does not foresee any change in ***an*** *existing ban on senior officials of the Sadrist Movement from meeting with U.S. or British officials.*

– THE NEW YORK TIMES

Al-Assadi disse que não prevê nenhuma mudança em **uma** proibição existente de altos funcionários do Movimento Sadrista de se reunir com autoridades americanas ou britânicas.

A *US small-town mayor sued the oil industry.*

– THE GUARDIAN

Um prefeito de uma pequena cidade dos EUA processou a indústria petrolífera.

4 people shot outside ***a*** *high school football game in Mobile, Alabama, police say.*

– CNN

Quatro pessoas baleadas do lado de fora de **um** jogo de futebol americano de um colégio em Mobile, Alamaba, diz a polícia.

Nike Jordan boss reveals he murdered ***an*** *18-year-old in 1965.*

– BBC NEWS

Chefe da Nike Jordan revela que assassinou **um** jovem de 18 anos em 1965.

Nature's vocabulary is different from ours, and that might not be ***a*** *bad thing.*

– THE JOHNS HOPKINS NEWS-LETTER

O vocabulário da natureza é diferente do nosso e isso pode não ser **uma** coisa ruim.

3

ADJETIVO POSSESSIVO OU **PRONOME POSSESSIVO**?

Tanto adjetivos possessivos quanto pronomes possessivos são **pronomes** que indicam posse. A diferença dos nomes é apenas didática, para ajudar o aprendiz a distinguir duas categorias:

a. A dos pronomes que precedem um substantivo, assim como faz um adjetivo de forma geral;
b. A dos pronomes que não precedem substantivo, aparecendo sozinhos.

Assim, o grupo A designa os **adjetivos possessivos**, enquanto o grupo B se refere aos **pronomes possessivos**. Estabelecida essa diferença, vejamos a aplicação dessas duas categorias.

Adjetivos possessivos (memorize a tabela abaixo):

Pessoa	Pronome	Tradução
1ª singular	*my*	meu(s), minha(s)
2ª singular	*your*	teu, tua, seu, sua
3ª singular	*his*	dele
	her	dela
	its	dele, dela
1ª plural	*our*	nosso(s), nossa(s)
2ª plural	*your*	vosso(a), seus, suas
3ª plural	*their*	deles, delas

Exemplos em frases (veja que esses pronomes estão sempre antes de um substantivo):

***His** car is a Ford and **my** car is a Renault.*

O carro **dele** é um Ford e o **meu** carro é um Renault.

*The tree in **our** garden is already bearing fruit.*

A árvore no **nosso** jardim já está dando frutos.

***My** husband is five years older than me.*

Meu marido é cinco anos mais velho que eu.

*The roof of **their** house is yellow.*

O telhado da casa **deles** é amarelo.

*What's **your** name?*

Qual é o **seu** nome?

Pronomes possessivos (memorize a tabela abaixo):

Pessoa	Pronome	Tradução
1ª singular	*mine*	o meu(s), a minha(s)
2ª singular	*yours*	o teu, a tua, o seu, a sua
3ª singular	*his*	o/a dele
	hers	o/a dela
	its	o/a dele, o/a dela
1ª plural	*ours*	o nosso(s), a nossa(s)
2ª plural	*yours*	o vosso(a), os seus, as suas
3ª plural	*theirs*	os/as deles, os/as delas

Os adjetivos possessivos e os pronomes possessivos possuem pouquíssima diferença na escrita. Para se obter a lista de pronomes possessivos a partir dos adjetivos possessivos, ***my*** vira ***mine*** e as demais formas recebem um **s** (à exceção de *his* e *its*, que já o apresentam). Compare as duas tabelas anteriores, respectivamente, para verificar essas diferenças.

Exemplos em frases (veja que esses pronomes não são seguidos de substantivo):

*Is that bike **yours**?*
Aquela bicicleta é **sua**?

*Your assignments have been turned in, but I cannot find **theirs**.*
Suas atividades foram entregues, mas não consigo encontrar **as deles**.

*This green box is **yours**. **Hers** is black.*
Esta caixa verde é **sua**. **A dela** é preta.

*Their children are twins. **Ours** are triplets.*
Os filhos deles são gêmeos. **Os nossos** são trigêmeos.

Muitos alunos fazem a distinção entre as duas classes de pronomes, atribuindo aos pronomes possessivos a característica de sempre aparecerem no fim de frases. Essa é uma interpretação equivocada e muito comum. Na verdade, como se pode ver nas frases acima, os pronomes possessivos podem vir ao final da frase ou não, sendo relevante mesmo como característica o fato de eles nunca aparecerem seguidos de um substantivo.

APLICAÇÃO

There is a serious argument to be made that nuclear should – even must – be an important component of ***our*** *efforts at decarbonization.*

– BOSTON REVIEW

Há um argumento sério a ser feito de que o nuclear deveria – ou mesmo deve – ser um componente importante de **nossos** esforços para a descarbonização.

She's a medical student. ***Her*** *mom is a custodian at the hospital where she trained.*

– THE WASHINGTON POST

Ela é estudante de medicina. A mãe **dela** é uma zeladora do hospital onde ela treinou.

Instagram struggles with fears of losing ***its*** *"Pipeline": Young Users.*

– THE NEW YORK TIMES

Instagram luta com medo de perder **sua** "fonte de suprimentos": jovens usuários.

Nature's vocabulary is different from ***ours****, and that might not be a bad thing.*

– THE JOHNS HOPKINS NEWS-LETTER

O vocabulário da natureza é diferente do **nosso** e isso pode não ser uma coisa ruim.

4

ADJETIVOS TERMINADOS EM -**ED** OU -**ING**?

As terminações *-ed* e *-ing*, além de indicarem a conjugação do verbo (passado e particípio passado de verbos regulares e particípio presente, respectivamente), podem também funcionar como sufixos formadores de adjetivos em inglês (para mais detalhes acerca do uso do *-ing*, consulte a dúvida **82**). Veja as tabelas a seguir com alguns adjetivos formados por ambos os sufixos:

-ed				
addicted viciado	*tattooed* tatuado	*terrified* apavorado	*balanced* equilibrado	*flattered* lisonjeado
confused confuso	*worried* preocupado	*refined* refinado	*talented* talentoso	*loaded* bêbado
bored entendiado	*amazed* maravilhado	*tired* cansado	*retired* aposentado	*smoked* defumado
blue-eyed de olhos azuis	*surprised* surpreso	*renovated* reformado	*troubled* conturbado	*closed* fechado

-ing				
missing desaparecido	*disgusting* nojento	*embarrassing* constrangedor	*shocking* chocante	*inspiring* inspirador
annoying irritante	*fascinating* fascinante	*exhausting* exaustivo	*satisfying* satisfatório	*convincing* convincente
daring ousado	*moving* comovente	*exciting* empolgante	*frightening* assustador	*relaxing* relaxante
disturbing perturbador	*interesting* interessante	*disappointing* decepcionante	*astonishing* espantoso	*soothing* tranquilizador

Além disso, frequentemente encontramos pares de adjetivos que se distinguem por esses sufixos, e isso acaba causando dúvidas quanto à escolha de um ou de outro:

*astonish**ed** – astonish**ing*** *interest**ed** – interest**ing*** *bor**ed** – bor**ing***

Para empregar o adjetivo em *-**ed*** ou em *-**ing*** corretamente, você deve ter em mente o seguinte:

a. Adjetivos em *-ed* descrevem a emoção de um indivíduo, indicando como ele se sente no momento. Possuem um sentido passivo, visto que a emoção é geralmente causada por algo.

*The trip made us feel **exhausted**.*
A viagem nos fez sentir **exaustos**.

*I am so **bored** today... there's nothing to do.*
Estou tão **entendiada** hoje... não tem nada para fazer.

*Bianca got **surprised** by how fast they scheduled the meeting.*
Bianca ficou **surpresa** com o quão rápido eles agendaram a reunião.

b. Adjetivos em *-ing* são usados para descrever pessoas, objetos e situações como um todo, nos quais a característica é, de forma geral, permanente. Possuem um sentido ativo, visto que a característica expressa pelo adjetivo em *-**ing*** pode causar uma reação no indivíduo.

*The test results were **disappointing** for all of us.*
Os resultados da prova foram **decepcionantes** para todos nós.

*It's **daring** of you take so many responsibilities.*
É **ousado** da sua parte assumir tantas responsabilidades.

*You are an **inspiring** person.*
Você é uma pessoa **inspiradora**.

Para entender bem a diferença, veja as duas frases a seguir, cada uma contendo um adjetivo em *-ed* e outro em *-ing*. Perceba, dentre o que já foi explicado, os sentidos passivo e ativo desses adjetivos.

*The lecture was so **confusing** that it made us feel **frustrated**.*

A palestra estava tão **confusa** que nos fez sentir **frustrados**.

*What you do is so **interesting** that I am **interested** in learning more about it.*

O que você faz é tão **interessante** que estou **interessada** em aprender mais sobre.

ATENÇÃO Cuidado para não confundir o adjetivo em *-ing* ou em *-ed* com forma verbal.

O adjetivo pode estar seguido de um substantivo, aparecer após um verbo de ligação, como *to be*, *look* e *appear*, ou figurar após um pronome indefinido, a exemplo de *something*, *nothing*, *anywhere* etc.

APLICAÇÃO

*In a **Troubled** U.S.-China Relationship, Moments of Pragmatism Emerge.*

– THE WALL STREET JOURNAL

Em uma relação **conturbada** EUA-China, surgem momentos de pragmatismo.

*Cramer says the stock market is "incredibly **confusing**" right now and investors should be patient.*

– CNBC

Cramer diz que o mercado de ações está "incrivelmente **confuso**" agora e os investidores devem ser pacientes.

*Hilarious snaps reveal the notes **frustrated** parents have written to their children.*

– DAILY MAIL

Fotos hilárias revelam os bilhetes que pais **frustrados** escreveram para seus filhos.

*NASA's **daring** Lucy asteroid mission is ready to launch.*

– SPACE.COM

A **ousada** missão de asteroides Lucy da NASA está pronta para ser lançada.

5

AGREE WITH, AGREE ABOUT, AGREE ON OU AGREE TO?

Veja a diferença:

a. ***Agree with*** – para concordar com uma pessoa, uma opinião, uma política ou norma:

*I totally **agree with** you.*

Concordo totalmente **con**tigo.

*We **agree with** each other's opinions. That makes work group easier.*

Nós **concordamos com** as opiniões uns dos outros. Isso faz o trabalho em grupo ser mais fácil.

*Their hiring policy is unfair. I don't **agree with** it.*

A política de contratação deles é injusta. Não **concordo com** ela.

b. ***Agree about/on*** – para concordar com algo que está sendo discutido:

*Sally **agrees about/on** whatever choice you make.*

Sally **concorda com** qualquer que seja a escolha que vocês fizerem.

*We have **agreed about/on** most things.*
Nós **concordamos com** a maioria das coisas.

c. ***Agree on*** – para concordar com algo que precisa ser decidido:

*After thinking over the pros and cons of December 25th, we **agreed on** the 20th for our wedding.*
Depois de refletir sobre os prós e contras do dia 25 de dezembro, nós **concordamos com** o dia 20 para o nosso casamento.

*My husband and I finally **agreed on** a gift to give Molly for her birthday.*
Meu marido e eu finalmente **concordamos com** um presente para dar a Molly pelo aniversário dela.

d. ***Agree to*** – para concordar com uma sugestão ou exigência:

*I'll **agree to** Paul's suggestion provided that he lowers the price for us.*
Eu vou **concordar com** a sugestão do Paul contanto que ele abaixe o preço para nós.

*I don't know why she doesn't **agree to** my demand. Did I ask for too much?*
Não sei por que ela não **concorda com** minha exigência. Eu pedi demais?

APLICAÇÃO

*We built a rapport, and by the end of our conversation about the pros and cons, he seemed to **agree with** my recommendation.*

– THE ATLANTIC

Construímos uma relação, e no final da nossa conversa sobre os prós e contras, ele parecia **concordar com** a minha recomendação.

"Democrats and Republicans in the Senate finally found something they could ***agree on****: they both hate Facebook", Kimmel said.*

– THE GUARDIAN

"Democratas e Republicanos no Senado finalmente encontraram algo **com** que eles conseguiam **concordar:** ambos odeiam o Facebook", disse Kimmel.

The ruling coalition patterns on Saturday ***agreed on*** *recommending local elections by mid-June.*

– THE KATHMANDU POST

Os padrões de coalizão governante **concordaram**, no sábado, **com** a recomendação de eleições locais até meados de junho.

136 Countries ***Agree to*** *a Global Minimum Tax.*

– THE WALL STREET JOURNAL

136 países **concordam com** uma taxa global mínima.

6

ALREADY, EVER OU YET?

Embora ***ever*** e ***yet*** apresentem outras traduções (para outro uso de *ever*, ver a dúvida **34** e para *yet*, ver a dúvida **83**), iremos nos concentrar aqui em perguntas, especialmente aquelas construídas com o *present perfect* (para saber mais sobre esse tempo verbal, consulte a dúvida **66** e, também, o resumo de tempos verbais ao final do livro) em que ***already***, ***ever*** e ***yet*** significam "já". Posto isso, vejamos quando usar cada um desses advérbios.

Usamos ***ever*** em perguntas no *present perfect* quando o intuito é saber do nosso interlocutor se, ao longo de sua vida inteira, ele já fez ou experienciou algo. A pergunta é sempre formulada com base no modelo ***Have you ever...?***

*Have you **ever** been to Paris?*
Você **já** esteve em Paris?
Entenda-se: alguma vez em sua vida

*Has she **ever** climbed a mountain?*
Ela **já** escalou uma montanha?
Entenda-se: alguma vez na vida dela

*Have Camila and Josh **ever** dated?*
Camila e Josh **já** namoraram?
Entenda-se: alguma vez na vida deles

ATENÇÃO Cuidado para não confundir ***been*** e ***gone***. Perceba as interpretações diferentes nas frases abaixo.

*She has **been** to Paris.*
Ela **esteve** em Paris.
Entenda-se: Ela foi a Paris, visitou a cidade e já retornou de viagem.

*She has **gone** to Paris.*
Ela **foi** a Paris.
Entenda-se: Ela foi a Paris, mas ainda não retornou de viagem.

Por isso, é incorreta a pergunta *Have you ever **gone** to Paris?*

O advérbio ***ever*** também é usado em frases afirmativas, negativas e exclamativas com o *present perfect*, principalmente nos contextos abaixo:

*This is the best book I have **ever** read!*
Este é o melhor livro que eu **já** li.

*I **haven't ever** been there before.*
ou *I **have never** been there before.* (mais comum)
Eu **nunca** havia estado lá antes.

Usamos ***already*** em perguntas no *present perfect* quando demonstramos surpresa com o fato de uma ação ou um evento ter ocorrido antes do que havíamos esperado. Na fala, a ênfase é colocada em ***already***.

*Have you guys **already** arrived from the trip?*
Vocês **já** chegaram de viagem?

*Has she **already** made dinner?*
Ela **já** fez o jantar?

*Have they **already** gone?*
Eles **já** foram?

Already também é empregado em frases afirmativas e exclamativas, e em perguntas em outros contextos:

*Camila: Your payment is **already** in your account.*
*Paula: **Already**?!*
Camila: Seu pagamento **já** está na sua conta. / Paula: **Já**?!

*I **already** talked to him. Don't worry.*
Eu **já** falei com ele. Não se preocupe.

Usamos ***yet*** ao final de perguntas no *present perfect* quando sabemos que uma ação ou evento vai ou está para acontecer e fazemos a pergunta com o intuito de saber se já ocorreu. É importante destacar que ***yet*** equivale a "já" apenas nesse contexto.

*Have you guys arrived from the trip **yet**?*
Vocês **já** chegaram de viagem?

*Has she made dinner **yet**?*
Ela **já** fez o jantar?

*Have they gone **yet**?*
Eles **já** foram?

APLICAÇÃO

The seven-time winner and his emerging challenger are two of the best gladiators F1 has ***ever*** *seen.*

– THE GUARDIAN

O sete vezes vencedor e seu desafiante emergente são dois dos melhores gladiadores da F1 **já** vistos.

"To me, we have the strongest economy perhaps I have ***ever*** *seen".*

– CNBC

"Para mim, talvez temos a economia mais forte que eu **já** tenha visto".

He's just one of the greatest human beings you have ***ever*** *met in your life...*

– THE WAVY

Ele é apenas um dos melhores seres humanos que você **já** conheceu na sua vida...

Aliens might have visited Earth ***already****, according to Nasa which is working "to find unmistakable signs of life" beyond our planet.*

– MIRROR

Alienígenas podem **já** ter visitado a Terra, de acordo com a Nasa, que está trabalhando "para encontrar sinais inconfundíveis de vida" além do nosso planeta.

Hawkeye Directors Have ***Already*** *Talked to Marvel About Next Project.*

– COMIC BOOK

Diretores do Hawkeye **já** conversaram com a Marvel sobre o próximo projeto.

Has your passport arrived ***yet****?*

– CAMBRIDGE

Seu passaporte **já** chegou?

Have you received your payment ***yet****?*

– MARCA

Você **já** recebeu seu pagamento?

7

ALSO, TOO

OU **AS WELL**?

Also, ***too*** e ***as well*** são advérbios comumente traduzidos como "também". Porém, não são empregados nos mesmos contextos. Vejamos.

a. ***Also*** é usado no meio de frase, após o verbo *to be* e antes dos demais verbos:

Patricia is my best friend. She is ***also*** *17.*
Patrícia é minha melhor amiga. Ela **também** tem 17 anos.

We are ***also*** *considering staying longer.*
Nós **também** estamos considerando ficar mais tempo.

Honestly, I ***also*** *don't know...*
Honestamente, eu **também** não sei...

Also também pode aparecer no início da frase para enfatizar a informação que segue:

This house is beautiful, but it's quite small. ***Also****, it needs repairs.*
Essa casa é bonita, mas é bem pequena. **Inclusive**, ela precisa de reparos.

b. ***Too*** e ***as well*** são empregados no final de frases. ***Also*** não é usado nesse contexto:

She not only sings; she dances, ***too****.*
She not only sings; she dances ***as well****.*
Ela não só canta; ela dança **também**.

Too e ***as well*** são empregados também no final de frases com verbos no imperativo e em respostas curtas. ***Also*** não é normalmente usado nesse contexto:

Bring me some coffee ***as well****.*
Me traga um café **também**.

Don't forget to invite him, ***too****.*
Não esqueça de convidá-lo **também**.

"I'm tired."/ "I am, ***too****."*
"Estou cansada." / "Eu **também**."

"Carrie has arrived."/ "They have ***as well****."*
"A Carrie chegou." / "Eles **também**."

c. ***Too*** (e não ***as well***) pode ser usado após o sujeito da frase em um contexto mais formal.

I, ***too****, have experienced this.*
Eu, **também**, experienciei isto.

Informalmente, ***too*** é empregado na resposta curta ***me too*** (eu também):

*"I had so much fun that day." / "****Me too****."*
"Eu me diverti tanto aquele dia." / "**Eu também**."

Para mais detalhes sobre como dizer "Eu também" ou "Eu também não", consulte a dúvida **81**.

APLICAÇÃO

HT Aero, an affiliate of Chinese electric vehicle maker Xpeng Inc., launched a new flying car on Sunday that it says can ***also*** *drive on roads.*

– CNBC

A HT Aero, afiliada da fabricante chinesa de veículos elétricos Xpeng Inc., lançou um novo carro voador no domingo que, segundo ela **também** pode andar nas estradas.

Why Korea's 'story of losers' resonates well in India ***too****.*

– TIMES OF INDIA

Por que a 'história dos perdedores' da Coreia ressoa bem na Índia **também**.

"But I think that experience, sort of opened up our family's eyes to the fact that it's not just women who need to be careful, it's men ***as well****."*

– ITV

"Mas eu acho que essa experiência, meio que abriu os olhos de nossa família para o fato de que não são apenas as mulheres que precisam ter cuidado, os homens **também**."

Why build a superyacht that just moves on water when you can create one that flies through the air ***as well****?*

– CNN

Por que construir um superiate que apenas se move sobre a água quando você pode criar um que voa pelo ar **também**?

8

AMOUNT OF OU NUMBER OF?

Embora essas duas expressões possam ter traduções equivalentes (***an amount of*** = "uma quantidade de", "uma soma de", "uma quantia de"; ***a***

number of = "um número de", "vários(s)", "uma série de", "uma quantidade de"), não são empregadas nos mesmos contextos:

An amount of é empregado antes de substantivos incontáveis:

*She received a considerable **amount of** money for the job.*
Ela recebeu **uma soma de** dinheiro considerável pelo serviço.

*I'd like a large **amount of** spaghetti, please.*
Eu gostaria de **uma quantidade** grande de espaguete, por favor.

A number of é empregado antes de substantivos contáveis:

***A number of** reporters are in the auditorium waiting for the president.*
Vários repórteres estão no auditório esperando pelo presidente.

*The technician told us that **a number of** factors is causing harm to the system.*
O técnico nos disse que **um número de** fatores está causando danos ao sistema.

Para entender a diferença entre substantivos contáveis e substantivos incontáveis, consulte a dúvida **76**.

APLICAÇÃO

*Physicist Quantifies **Amount of** Information in Entire Visible Universe.*
– SCITECH DAILY
Físico quantifica **quantidade de** informação em todo o universo visível.

*Widespread flooding was reported as areas burned bare by wildfires struggled to absorb the huge **amount of** rain.*
– THE JOURNAL

Inundações generalizadas foram relatadas à medida que áreas queimadas por incêndios florestais lutavam para absorver a enorme **quantidade de** chuva.

New poll finds overwhelming ***number of*** *Americans worried about what is being taught in US schools.*

– THE HILL

Nova pesquisa encontra esmagador **número de** americanos preocupados com o que está sendo ensinado nas escolas dos EUA.

U.S. reports record ***number of*** *migrant apprehensions along Mexican border.*

– CBS NEWS

EUA relatam **número** recorde **de** apreensões de migrantes ao longo da fronteira mexicana.

9

ANY OU SOME?

Any e ***some*** são pronomes indefinidos empregados em contextos diferentes. Antes de entendê-los, veja a tabela a seguir, a qual mostra os tipos de frases em que eles podem aparecer e a tradução que eles têm em cada uma:

Pronome indefinido	Tipos de frase e tradução		
	Afirmativa	**Interrogativa**	**Negativa**
some	algum(ns), alguma(s)	algum(ns), alguma(s)	—
any	qualquer, quaisquer	algum(ns), alguma(s)	nenhum(a)

Passemos agora a uma explicação mais detalhada sobre os usos de ***some*** e ***any***, respectivamente.

USOS DE **SOME**

Em **frases afirmativas**, *some* é traduzido como "algum(ns)" ou "alguma(s)". É empregado com substantivos contáveis e incontáveis:

If you need ***some*** *extra time to complete the assignment, that's ok.*
Se você precisar de **algum** tempo extra para terminar a tarefa, tudo bem.

There are still ***some*** *oranges remaining in the tree.*
Ainda tem **algumas** laranjas sobrando no pé.

Em **frases interrogativas**, o uso de *some* é permitido, mas **atenção**: geralmente em contextos em que se oferece ou se pede alguma coisa e se espera uma resposta positiva:

Would you like ***some*** *tea?*
Você gostaria de chá?*

Can you lend me ***some*** *grammar books?*
Você pode me emprestar **algumas** gramáticas?

* Às vezes a tradução do pronome indefinido deixa a frase meio artificial "Você gostaria de algum chá?" dependendo do contexto. Nesses casos, o pronome não precisa ser traduzido.

USOS DE **ANY**

Em **frases afirmativas**, *any* é traduzido como "qualquer" ou "quaisquer". É empregado com substantivos contáveis e incontáveis:

I enjoy watching ***any*** *comedy movies.*
Curto assistir **quaisquer** filmes de comédia.

We can meet in the afternoon, at ***any*** *time you decide.*
Podemos nos reunir à tarde, em **qualquer** horário que vocês decidirem.

Em **frases interrogativas**, *any* é traduzido como "algum(ns)" ou "alguma(s)", sem restrição de contexto:

*Do you need **any** help?*
Você precisa de ajuda?

*Are you traveling to **any** different place to spend Christmas?*
Você vai viajar para **algum** lugar diferente para passar o Natal?

Em **frases negativas** (incluindo frases com palavras de sentido negativo como *seldom*, *rarely*, *scarcely*, *never*, *without*, *barely*, *hardly*, *nobody*, *nowhere* etc.), *any* é traduzido como "nenhum(a)":

*I <u>don't</u> know **any** person named Kali.*
Não conheço **nenhuma** pessoa chamada Kali.

*She left <u>without</u> **any** money.*
Ela saiu sem **nenhum** dinheiro.

*My mom has <u>never</u> gone through **any** situation like that.*
Minha mãe nunca passou por **nenhuma** situação assim.

As formas compostas ***somebody***, ***someone***, ***something***, ***sometime*** e ***somewhere*** são empregadas nos mesmos contextos de ***some***.

As formas compostas ***anybody***, ***anyone***, ***anything***, ***anytime*** e ***anywhere*** são empregadas nos mesmos contextos de ***any***.

Para entender a diferença entre substantivos contáveis e substantivos incontáveis, consulte a dúvida **76**.

APLICAÇÃO

*As Afghanistan Sinks Into Destitution, **Some** Sell Children to Survive.*

– THE WALL STREET JOURNAL

Enquanto o Afeganistão se afunda na miséria, **alguns** vendem os filhos para sobreviver.

*Are You Burned Out? Or Is It **Something** Else?*

– HARVARD BUSINESS REVIEW

Você está exausto? Ou é **alguma** outra coisa?

*In **any** language, Rafael Devers' story is worth telling.*

– THE BOSTON GLOBE

Em **qualquer** língua, a história de Rafael Devers vale a pena ser contada.

*Lebanon's PM says government is keen not to interfere in **any** file related to the judiciary.*

– THE REUTERS

O primeiro-ministro do Líbano diz que o governo faz questão de não interferir em **nenhum** arquivo relacionado ao judiciário.

*"Injustice **anywhere** is a threat to justice everywhere."*

– THE STATE NEWS

"Injustiça em **qualquer lugar** é uma ameaça à justiça em todo lugar."

10

APÓSTROFO + S OU SOMENTE **APÓSTROFO**?

Antes de focarmos na diferença de emprego do ***'s*** e somente do apóstrofo para indicar posse, é importante saber que o ***'s*** pode representar mais três usos distintos no inglês:

a. o ***’s*** pode ser uma forma contraída de ***is***:

*She**’s** an actress.*

Ela **é** uma atriz.

*Paul**’s** in the vegetable garden planting carrots.*

Paul **está** na horta plantando cenouras.

***There’s** no need to get upset.*

Não **há** necessidade de se aborrecer.

b. o ***’s*** pode ser uma forma contraída de ***has*** antes de particípio passado, formando o presente perfeito:

*Maria**’s got** a problem.*

Maria **teve** um problema.

*He**’s gone** already.*

Ele já se **foi**.

*She**’s** never **been** to Italy.*

Ela nunca **esteve** na Itália.

c. o ***’s*** pode ser uma forma contraída de ***us*** após o verbo ***let***:

***Let’s** go downtown.*

Vamos ao centro.

***Let’s** do this right now, shall we?*

Vamos fazer isso agora, podemos?

ATENÇÃO O ***’s*** não é usado para formar o plural de nenhuma palavra, incluindo siglas, tanto em inglês quanto em português. Para a formação do plural de siglas, por exemplo, basta acrescentar um s minúsculo: **CDs, DVDs, ONGs, PhDs** etc.

APÓSTROFO + S INDICANDO POSSE

a. De modo geral, emprega-se ***'s*** com substantivos no singular e no plural irregular (ou seja, que não é feito com -***s***):

*the girl**'s** blue eyes*
os olhos azuis **da** menina

*the family**'s** generation*
a geração **da** família

*the soldier**'s** identity*
a identidade **do** soldado

*a man**'s** dignity*
a dignidade **de** um homem

*the crew**'s** quarters*
os aposentos **da** tripulação

*the doctor**'s** vows*
o juramento **do** médico

*the teacher**'s** material*
o material **da** professora

*my dentist**'s** son*
o filho **do** meu dentista

*the children**'s** room*
o quarto **das** crianças

*women**'s** rights*
os direitos **das** mulheres

*the geese**'s** beauty*
a beleza **dos** gansos

*the people**'s** voice*
a voz **das** pessoas

*the men**'s** bravery*
a coragem **dos** homens

*the government**'s** policy*
a política **do** governo

b. Com substantivos no plural regular (terminado em -***s***), acrescenta--se somente o apóstrofo:

girls' fashion
a moda **das** garotas

my parents' activities
as atividades **dos** meus pais

the cats' food
a ração **dos** gatos

the students' enthusiasm
o entusiasmo **dos** alunos

the babies' burp cloths
o pano de arroto **dos** bebês

the dogs' litters
as ninhadas **dos** cachorros

those patients' treatment
o tratamento **da**queles pacientes

your moms' similarities
as semelhanças **das** suas mães

the plays' cast
o elenco **das** peças

the twins' shoes
os sapatos **dos** gêmeos

c. Com nomes próprios de pessoas terminados em *-s*, acrescenta-se ***'s*** ou apenas o apóstrofo:

*Charles'**s** (ou Charles') party*
a festa **do** Charles

*Dennis'**s** (ou Dennis') Christmas gift*
o presente de Natal **do** Dennis

*Mrs. Jones'**s** (ou Jones') dressing table*
a penteadeira **da** sra. Jones

*Augustus'**s** (ou Augustus') History class*
a aula de História **do** Augustus

*Mr. Borges'**s** (ou Borges') new car*
o carro novo **do** sr. Borges

*Francis'**s** (ou Francis') inheritance*
a herança **da** Francis

Lembre-se de que, quando o ***'s*** indica posse, a leitura (tradução) é sempre feita de trás para frente, começando pelo possuído e terminando com o possuidor. O ***'s*** é traduzido como "de", "do(s)" ou "da(s)".

*Ana**'s** book.*
O livro **da** Ana.

APLICAÇÃO

*Jeffrey Epstein***'s** *house manager says staff was instructed to "see nothing, hear nothing, say nothing".*

- WAOW

O gerente da casa **de** Jeffrey Epstein diz que os funcionários foram instruídos a "não ver nada, não ouvir nada, não dizer nada".

*Homer Simpson***'s** *house would sell for $450,000, realtors estimate.*

- FOX 59

A casa **do** Homer Simpson seria vendida por $450.000, estimam corretores de imóveis.

*The operator of the members-only function centre is an international private member***s'** *club operator and operates worldwide.*

- THE AGE

O operador do centro de funções somente para membros é um operador internacional de clube **de** membros privados e opera em todo o mundo.

*"The greats are all here": reader***s'** *favourite UK permanent exhibitions.*

- THE GUARDIAN

"As exposições grandes estão todas aqui": as exposições permanentes favoritas **dos** leitores no Reino Unido.

11

ARRIVE AT, ARRIVE IN OU ARRIVE TO?

A escolha da preposição que segue o verbo ***to arrive*** (= chegar) normalmente traz muitas dúvidas ao estudante. Vejamos, então, as possibilidades:

a. O uso de ***arrive at*** se aplica a lugares:

*I have just **arrived at** the club. I'm still outside.*
Acabei de **chegar ao** clube. Eu ainda estou do lado de fora.
*Mark **arrived at** the airport 10 minutes ago. I'm on the way to pick him up.*
Mark **chegou ao** aeroporto faz 10 minutos. Estou no caminho para buscá-lo.

Pode-se também usar ***arrive at*** metaforicamente para se chegar a uma decisão ou conclusão. Nesse contexto, os verbos ***to reach*** e ***to come*** (seguido de ***to***) podem também aparecer:

*They were unable to **arrive at** a conclusion.*
*They were unable to **reach** a conclusion.*
*They were unable to **come to** a conclusion.*
Eles não foram capazes de **chegar a** uma conclusão.

b. O uso de ***arrive in*** se aplica a cidades e países:

*Three years ago today, I **arrived in** the United States.*
Há exatamente três anos, eu **chegava aos** Estados Unidos.
*We are almost **arriving in** the city.*
Estamos quase **chegando à** cidade.
***Arriving in** Petrópolis, I'm going to visit the Imperial Palace.*
Chegando a Petrópolis, vou visitar o Palácio Imperial.

Para a norma culta do inglês, **não se usa** a forma ***arrive to.***

ATENÇÃO REDOBRADA aos seguintes casos:

a. Para se dizer "chegar em casa", a forma correta é ***arrive home***, sem *in* ou *at*.

*What time do you **arrive home**?*
A que horas você **chega em casa**?

b. Entre o verbo ***to arrive*** e os advérbios ***here***, ***there***, ***somewhere***, ***everywhere***, ***nowhere*** e ***anywhere***, não há preposição.

*If you **arrive here** early, you will have time to rehearse a bit more.*
Se você **chegar aqui** cedo, terá tempo de ensaiar um pouco mais.

*After we **arrived there**, we took some rest.*
Depois que nós **chegamos lá**, demos uma descansada.

*Does she think she is **arriving somewhere** behaving like that?*
Ela acha que vai **chegar a algum lugar** se comportando assim?

*He rarely **arrives anywhere** on time.*
Ele raramente **chega a algum lugar** na hora certa.

APLICAÇÃO

*Santa set to **arrive at** Cabela's in Berks this Saturday.*

– WFMZ

Papai Noel **chega ao** Cabela's em Berks neste sábado.

*New "Star Wars" Holiday Apparel, Baby Yoda Stocking and Plush **Arrive at** Disneyland Resort.*

– WDW NEWS TODAY

Novo vestuário de férias de "Star Wars": meia e pelúcia do baby Yoda **chegam ao** Disneyland Resort.

*Northern Nevada International Center needs help as Afghan evacuees **arrive in** the area.*

– KOLO

Centro Internacional do Norte de Nevada precisa de ajuda à medida que os evacuados afegãos **chegam à** área.

*"I feel free" – LGBT Afghan refugees **arrive in** UK.*

– BBC

"Eu me sinto livre" – Refugiados LGBT afegãos **chegam ao** Reino Unido.

12

ARTIGO DEFINIDO OU INDEFINIDO?

O artigo definido em inglês é apenas um: ***the***, cuja tradução, dependendo sempre do contexto, será "o", "a", "os" ou "as". Veja os exemplos:

The *man* – **o** *homem* | ***The*** *woman* – **a** *mulher*
The *men* – **os** *homens* | ***The*** *women* – **as** *mulheres*

O artigo definido é usado quando o objetivo é especificar alguém ou algo:

*I don't like carrot cake in general, but **the** carrot cake Maria makes is delicious.*

Eu não gosto de bolo de cenoura em geral, mas **o** bolo de cenoura que a Maria faz é delicioso.

O artigo indefinido em inglês é ***a/an***, e sua tradução sempre será "um" ou "uma" (para mais detalhes, consulte a dúvida **2**). Veja os exemplos:

***A** class* – **uma** *aula*
***A** house* – **uma** *casa*
***An** important decision* – **uma** *decisão importante*
***A** palm tree* – **uma** *palmeira*
***An** eagle* – **uma** *águia*
***An** investment* – **um** *investimento*

Ao contrário de ***the***, ***a/an*** é empregado quando se está falando de algo ou alguém de modo geral, impreciso ou vago, sem especificar:

*I want to buy **a** car.*
Eu quero comprar **um** carro.
***A** girl called your name.*
Uma garota chamou seu nome.
*That's **an** idea.*
É **uma** ideia.

APLICAÇÃO

***The** threats associated with this atmospheric river don't stop there.*
– CNN
As ameaças associadas a este rio atmosférico não param por aí.

***The** seven people who were injured are all in stable condition, according to **the** Georgia Bureau of Investigation.*
– NBC NEWS
As sete pessoas feridas estão todas em condições estáveis, de acordo com **o** Departamento de Investigação da Geórgia.

*Unions and other organizations have dissolved after facing pressure under **a** new security law.*

– THE NEW YORK TIMES

Sindicatos e outras organizações se dissolveram após enfrentarem pressão sob **uma** nova lei de segurança.

*During **a** rising tide, the fish followed the centreline of the trap, which mimicked the shoreline they'd naturally follow, through **an** entrance and into the enclosure.*

– BBC

Durante **uma** maré alta, os peixes seguiram a linha central da armadilha, que imitava a linha da costa que eles seguiriam naturalmente, através de **uma** entrada e para dentro do cercado.

13

ASK OU ASK FOR?

A diferença é simples. De modo geral:

Ask = perguntar
Ask for = pedir

Exemplos:

*Can I **ask** your name?*
Posso **perguntar** seu nome?

*You are **asking** me too much.*
Você está me **perguntando** demais.

*I think I'll **ask for** the menu now.*
Eu acho que vou **pedir** o menu agora.

*That's a beautiful pair of flats. **Ask for** your size.*
É um par de rasteirinhas bonito. **Peça** o seu tamanho.

ATENÇÃO Cuidado com combinações de palavras envolvendo ***ask***, cuja tradução nem sempre atenderá às diferenças expostas anteriormente. Alguns exemplos:

Fazer uma pergunta = ***ask*** *a question* (não ***make*** *a question*)
Pedir um favor = ***ask*** *a favor*
Chamar alguém para sair (encontro) = ***ask*** *(sb)* ***out***
Chamar alguém para entrar = ***ask*** *(sb)* ***in***
Demanda exorbitante; pedido exagerado = ***too much to ask***
Perguntar sobre alguém (sobre a saúde) = ***ask after*** *(sb)*

APLICAÇÃO

13 Questions To ***Ask*** *Before Pivoting Or Pulling The Plug On A Tech Project.*

– FORBES

13 perguntas a **fazer** antes de pivotar ou iniciar um projeto de tecnologia.

Bezos started the interview by promising that he was only going to ***ask*** *two questions and that the first one would be a "fun" brainteaser.*

– CNBC

Bezos começou a entrevista prometendo que só ia **fazer** duas perguntas e que a primeira seria um "divertido" quebra-cabeça.

Women Less Likely to ***Ask for*** *More Time When Deadlines Loom.*

– US NEWS

Mulheres são menos propensas a **pedir** mais tempo quando prazos se aproximam.

What's the best way to ***ask for*** *your input and feedback?*

– HARVARD BUSINESS REVIEW

Qual é a melhor maneira de **pedir** sua opinião e feedback?

14

BELIEVE OU **BELIEVE IN**?

Em português, traduzimos ***believe*** e ***believe in*** como "acreditar em". Contudo, pelo fato de a preposição ***in*** nem sempre aparecer após o verbo, pensa-se que ela é facultativa, o que não é verdade. Há diferenças de sentido entre ***believe*** e ***believe in***, as quais precisam ser entendidas para que o uso da preposição ou sua ausência após o verbo resulte de uma escolha consciente.

1. **BELIEVE** é geralmente usado quando se está diante de uma situação que pode ser considerada verdadeira ou falsa e, a partir disso, dizemos:

    *He doesn't **believe** me.*
    Ele não **acredita em** mim.
    *I **believe** you. I know that you wouldn't lie.*
    Eu **acredito em** você. Eu sei que você não mentiria.
    *Rafael said he was very famous, and people **believed** him.*
    Rafael disse que era muito famoso, e as pessoas **acreditaram** nele.
    ***Believe it or not**, they are getting married.*
    Acredite ou não, eles vão se casar.

2. **BELIEVE IN**, por outro lado, é geralmente usado quando:

a. Alguém demonstra fé ou crença na existência de algo.
    *I **believe in** God.*
    Eu **acredito em** Deus.

*I don't **believe in** ghosts.*

Não **acredito em** fantasmas.

*I **believed in** Santa Claus until I found out it was my dad who used to wear a Santa costume every Christmas night.*

Eu **acreditava no** Papai Noel até eu descobrir que era meu pai que costumava vestir uma fantasia de Papai Noel toda noite de Natal.

b. Quando confiamos na capacidade e potencial de alguém, ou na eficiência de algo, normalmente de uma instituição (governo, casamento, família etc.).

*I **believe in** you.*

Acredito em você. – Confio na sua capacidade.

*We don't **believe in** justice anymore.*

Não **acreditamos** mais **na** justiça.

*I still **believe in** long-lasting marriage.*

Eu ainda **acredito em** casamento duradouro.

APLICAÇÃO

*His antitrust watchdog doesn't **believe** them.*

– BUSINESS INSIDER

Seu cão de guarda antitruste não **acredita n**eles.

*I do **believe** them, they've always delivered on their promises.*

– BBC NEWS

Eu **acredito n**elas, elas sempre cumpriram suas promessas.

*Trump says he and Youngkin "strongly **believe in** many of the same policies".*

– THE HILL

Trump diz que ele e Youngkin "**acreditam** fortemente **em** muitas das mesmas políticas".

*This will reinforce the best parts of you and help you **believe in** yourself.*

– PSYCHOLOGY TODAY

Isso reforçará as melhores partes de você e ajudará você a **acreditar em** si mesmo.

15

BESIDE OU **BESIDES**?

Beside é uma preposição, que significa "ao lado de":

> *Can you get me this case right **beside** you?*
>
> Você pode me dar esse estojo aí bem **ao lado de** você?

Besides é uma conjunção, que significa "além de" ou "além disso":

> ***Besides** being boring, the film was long.*
>
> **Além de** ser chato, o filme era longo.
>
> *You don't need to be nervous; **besides**, your family will be there supporting you.*
>
> Você não precisa ficar nervoso; **além disso**, sua família vai estar lá te apoiando.

APLICAÇÃO

*A meteorite landed **beside** a sleeping woman in Canada. In 1954, an Alabama woman wasn't as lucky.*

– AL.COM

Um meteorito pousou **ao lado de** uma mulher adormecida no Canadá. Em 1954, uma mulher do Alabama não foi tão sortuda.

Despite threats of repatriation to Haiti, migrant families survive in a camp ***beside*** *Rio Grande.*

– USA TODAY

Apesar das ameaças de repatriação para o Haiti, famílias de migrantes sobrevivem em um acampamento **ao lado do** Rio Grande.

WSU (Wichita State University) needs to create more opportunities for majors ***besides*** *business and engineering.*

– THE SUNFLOWERS

WSU precisa criar mais oportunidades para graduandos **além de** negócios e engenharia.

Massive Restaurants considering expanding to US, ***besides*** *Canada.*

– THE ECONOMIC TIMES

Grandes restaurantes consideram se expandir para os Estados Unidos, **além do** Canadá.

16

BETWEEN OU AMONG?

Normalmente o que se aprende acerca da diferença envolvendo essas duas preposições que significam "entre" é o fato de ***between*** se referir a uma localização entre dois indivíduos, enquanto ***among*** se aplica a vários:

> *I found your earring* ***between*** *the two couches.*
> Encontrei seu brinco **entre** os dois sofás.
> *The dog was found* ***among*** *the trees in the forest.*
> O cão foi encontrado **entre** as árvores na floresta.

Porém, a diferença não se restringe apenas a isso. Mais especificamente:

a. ***Between*** é comumente empregado para indicar uma escolha, localização ou relação entre diferentes pessoas ou itens vistos de forma individual, não como um grupo. Nesse contexto, o uso de ***among*** deve ser evitado. Exemplos:

The difference ***between*** *a Porsche and a Nissan is the price.*
A diferença **entre** um Porsche e um Nissan é o preço.
The difference ***among*** *a Porsche and a Nissan is the price.* (incorreto)

> Geralmente depois de *difference*, usa-se ***between***.

Between *Rebeca, Tonya, Marilyn and Kate, who do you trust?*
Entre Rebeca, Tonya, Marilyn e Kate, em quem você confia?
Among *Rebeca, Tonya, Marilyn and Kate, who do you trust?* (incorreto)

I need to choose ***between*** *a skateboard, a pair of roller skates and a scooter. I won't get the three of them.*
Eu preciso escolher **entre** um skate, um par de patins e um patinete. Eu não vou ganhar os três.

I need to choose ***among*** *a skateboard, a pair of roller skates and a scooter. I won't get the three of them.* (incorreto)

b. Em contraste com ***between***, o uso de ***among*** é recomendado para falar de algo ou alguém que está entre outros vistos de forma coletiva – portanto não separadamente –, como grupos, multidões, quantidades etc.

*The dog was found **among** <u>the trees</u> in the forest.*
O cão foi encontrado **entre** <u>as árvores</u> na floresta.

*I can't see anything **among** all <u>these people</u>!*
Não consigo ver nada **no meio de** todas <u>essas pessoas</u>!

*Your passport is somewhere **among** <u>these papers</u>.*
Seu passaporte está em algum lugar **entre** <u>esses papéis</u>.

APLICAÇÃO

*Always consider flexibility when deciding **between** buying a home and renting an apartment.*

– CNBC

Sempre considere flexibilidade quando for decidir **entre** comprar uma casa e alugar um apartamento.

*There's a link **between** mental health offerings and keeping workers from quitting.*

– CNBC

Há uma ligação **entre** ofertas de saúde mental e impedir que os trabalhadores desistam.

*He had to choose **between** a bicycle, a train set, a pair of sneakers, and a new backpack for his birthday present.*

– GRAMMARLY

Ele teve que escolher **entre** uma bicicleta, um trem, um par de tênis e uma nova mochila para o presente de aniversário dele.

*Biden support **among** Democrats in first presidential primary state drops.*

– FOX NEWS

Apoio de Biden **entre** democratas cai nas primeiras primárias presidenciais.

*Three Maryland Cities **Among** "Top 100 Best Places To Live In America".*

– CBS BALTIMORE

Três cidades de Maryland **entre** os "Top 100 melhores lugares para morar na América".

17

BUT OU **THOUGH**?

But é uma conjunção coordenativa traduzida normalmente como "mas" ou "porém".

I called the restaurant to make a reservation, ***but*** *nobody answered.*
Eu liguei para o restaurante para fazer uma reserva, **mas** ninguém atendeu.

Though, embora seja uma alternativa mais informal para a conjunção subordinativa ***although***, que significa "embora", é uma opção informal também para ***but*** quando empregada normalmente em fim de frase.

I called the restaurant to make a reservation; nobody answered, ***though****.*
Eu liguei para o restaurante para fazer uma reserva, **mas** ninguém atendeu.
Eu liguei para o restaurante para fazer uma reserva; ninguém atendeu, **porém**.

> Com esse significado compartilhado com ***but***, ***though*** em fim de frase é precedido de vírgula.

APLICAÇÃO

More money ***but*** *at what cost?*
– NBC NEWS
Mais dinheiro, **mas** a que custo?

*Should I fire a worker that's good, **but** really negative?*

– NEW YORK POST

Devo demitir um funcionário que é bom, **mas** muito negativo?

*"I don't know", he said of the potential pact. "I'm not eating it, **though**. No, sir!"*

– TMZ SPORTS

"Eu não sei", disse ele sobre o pacto em potencial. "Eu não vou comer, **porém**. Não, senhor!

*Most of all, **though**, he wanted a genetic link to his future children.*

– THE GUARDIAN

Acima de tudo, **porém**, ele queria uma ligação genética com seus futuros filhos.

18

CAN OU MAY?

Can e ***may***, traduzidos de modo geral como "poder", integram o grupo dos chamados verbos modais, ou *modal verbs*, que, antes de um verbo no infinitivo (sem a partícula *to*), agregam a ele sentidos adicionais, tais como habilidade, proibição, obrigação, probabilidade, entre outros. A formação de perguntas com os verbos modais segue a mesma regra do verbo ***to be*** (há a troca de lugar do modal com o sujeito da frase), assim como a formação das negativas (porém, cuidado: a forma não contraída de *can* + *not* é ***cannot***, escrita como uma única palavra, e a forma contraída de ***may not*** não existe).

Com base nisso, vejamos os sentidos possíveis que ***can*** e ***may*** podem trazer e, para facilitar o estudo, enfocaremos primeiro o que ambos têm em comum e, depois, os sentidos atribuídos a cada um de forma individual.

CAN E **MAY**: PERMISSÃO

O contexto da frase pode mostrar ***can*** e ***may*** associados à ideia de permissão. Com esse sentido, ***may*** é considerado mais formal do que ***can***.

Can *I take your dog for a walk?*
Posso levar o seu cachorro para passear?

During the exam, all of you ***can*** *use a dictionary.*
Durante a prova, todos vocês **podem** usar um dicionário.

You ***can't*** *park here.*
Você **não pode** estacionar aqui.

May *I use your phone?*
Posso usar seu telephone?

At 10 a.m., you ***may*** *leave for coffee break.*
Às 10h, vocês **podem** sair para o intervalo.

CAN E **MAY**: VERDADES GERAIS

O contexto da frase pode mostrar ***can*** e ***may*** associados à ideia de verdades gerais, para falar sobre o que acreditamos ser verdadeiro, na maioria das vezes. Com esse sentido, ***may*** é considerado mais formal do que ***can***.

Fireworks ***can*** *frighten pets.*
Fogos de artifício **podem** assustar os animais de estimação.

Alcoholic drinks ***can*** *cause addiction.*
Bebidas alcoólicas **podem** causar vício.

Physical exercises ***can*** *lower stress.*
Exercícios físicos **podem** reduzir o estresse.

Christ the Redeemer ***may*** *be seen from the tenth floor of the building.*
O Cristo Redentor **pode** ser visto do décimo andar do edifício.

*Migraines **may** be treated with chamomile tea.*
A enxaqueca **pode** ser tratada com chá de camomila.

CAN E **MAY**: POSSIBILIDADE

O contexto da frase pode mostrar ***can*** e ***may*** associados à ideia de possibilidade, porém, com esse sentido, esses modais não são intercambiáveis. A possibilidade associada a ***may*** é mais fraca, incerta, ao passo que a possibilidade atribuída a ***can*** é mais forte, certa de acontecer, equiparando-se a uma verdade geral. Veja os exemplos:

*I think I **may** come with you if it's not too late.*
Acho que **posso** ir com vocês se não estiver tarde demais.

*We **can** travel together next month, because our vacation period overlaps.*
Nós **podemos** viajar juntos mês que vem, pois nossas férias coincidem.

*It **can** be dangerous to walk alone in this city at night.*
Pode ser perigoso caminhar sozinho nesta cidade à noite.

*You **may** get hurt if you exercise without stretching your body first.*
Você **pode** se machucar se se exercitar sem alongar o corpo primeiro.

CAN: HABILIDADE

O contexto da frase pode mostrar ***can*** associado à ideia de habilidade.

*I **can** speak a little Japanese.*
Eu **consigo** falar um pouco de japonês.

*After practicing a lot, I **can** now drive well.*
Depois de treinar muito, agora eu **posso** dirigir bem.

__Can__ you swim?

Você **pode** nadar?

Carlos __can't__ see much better with those new prescription glasses.

Carlos **não consegue** ver muito melhor com aqueles óculos de grau novos.

She __can__ memorize all the irregular verbs in 5 days.

Ela **consegue** memorizar todos os verbos irregulares em 5 dias.

CAN: PEDIDOS

O contexto da frase pode mostrar ***can*** sendo usado para fazer pedidos ou solicitações. ***May*** geralmente não é usado nesse contexto, de modo que a alternativa mais formal de ***can*** para indicar pedidos ou solicitações é ***could***.

__Can__ you pass the salt, please?

Você **pode** passar o sal, por favor?

__Could__ you fill out this form?

Você **pode** preencher este formulário?

__Could__ you ask her to call back later?

Você **pode** pedir a ela para retornar a ligação mais tarde?

__Can__ you be silent now? I'm trying to speak.

Vocês **podem** fazer silêncio agora? Estou tentando falar.

MAY: DESEJOS

O contexto da frase pode mostrar ***may*** sendo usado em expressões relacionadas a desejos bons ou ruins direcionados a alguém. É necessário atenção, pois, com esse uso, ***may*** é colocado antes do sujeito da frase, mesmo processo para se fazer uma pergunta. Observe também a tradução (em negrito).

__May__ you have a blessed day!

Que você tenha um dia abençoado!

__May__ she rest in peace.

Que ela descanse em paz.

__May__ you go to hell!

Que você vá para o inferno!

MAY: CONTRASTE

O contexto da frase pode mostrar ***may*** sendo acompanhado de ***well*** e/ou seguido de ***but*** para mostrar duas ideias que se contrastam.

I __may__ be wrong, __but__ I'll run the risk.

Eu **posso** estar errada, **mas** vou correr o risco.

She __may well__ have gone to São Paulo, __but__ you'd better not have it out with her.

Ela **pode muito bem** ter ido para São Paulo, **mas** é melhor você não tirar satisfação com ela.

He __may__ criticize you, __but__ don't be affected by what he says.

Ele **pode** te criticar, **mas** não se afete pelo que ele disser.

APLICAÇÃO

This new fund excludes certain industries that __may__ harm people or the planet.

– CNBC

Este novo fundo exclui certas indústrias que **podem** prejudicar as pessoas ou o planeta.

If Trump runs in 2024, he __may__ find Chris Christie ready to rumble.

– THE WASHINGTON POST

Se Trump concorrer em 2024, ele **pode** encontrar Chris Christie pronto para fazer barulho.

*With Christmas looming, Mr Johnson **may** believe politics could be reset after the holidays.*

– THE GUARDIAN

Com o Natal se aproximando, o Sr. Johnson **pode** acreditar que a política pode ser reiniciada após as festas.

*Innovative silicon nanochip **can** reprogram biological tissue in living body.*

– SCIENCE DAILY

Inovador nanochip de silício **pode** reprogramar tecido biológico em corpo vivo.

*Working abroad **can** mean goodbye to your partner's career.*

– EUREKALERT

Trabalhar no exterior **pode** significar adeus à carreira do seu parceiro.

*You **can** become stronger and ready for the next challenge.*

– THE NEW YORK TIMES

Você **pode** se tornar mais forte e pronto para o próximo desafio.

19

COMO CONVERTER A FRASE DA **VOZ ATIVA** PARA A **PASSIVA** E VICE-VERSA?

A condição para que uma frase na voz ativa seja convertida para a voz passiva é a presença de um **objeto**, ou seja, o **complemento do verbo transitivo**. Em vista disso, uma frase que contenha um verbo intransitivo, ou seja, que não exija um objeto, não pode ser transposta para a voz passiva.

Entendido isso, vejamos agora o porquê de o objeto na voz ativa ser essencial para a conversão da frase para a voz passiva. Exemplo:

Julia bought a baloon.
Júlia comprou um balão.

Ao analisarmos a estrutura dessa frase, temos:

Julia	*bought*	*a baloon.*
sujeito	**verbo transitivo**	**objeto**

Agora é necessário memorizar as regras para a transformação da voz ativa para a voz passiva, que são as seguintes:

a. O objeto da voz ativa vira o sujeito da voz passiva.

b. O sujeito da voz ativa vira o agente da passiva, na voz passiva, e é precedido pela preposição ***by*** (por). O agente na passiva é opcional, explicitado apenas se tiver relevância para o falante.

c. Na voz passiva, há uma locução verbal formada pelo verbo ***to be*** + **um particípio passado**. O verbo *to be* assume o mesmo tempo verbal ou estrutura presente na voz ativa, enquanto o particípio passado será o do verbo que aparece na voz ativa.

Seguindo-se as três etapas acima, a frase *Julia bought a baloon*, na voz passiva, fica:

A baloon was bought by Julia.
Um balão foi comprado pela Júlia.

na qual temos:

A baloon	*was bought*	*by Julia.*
sujeito	**verbo *to be* + p. passado**	**agente da passiva (opcional)**

É essa regra que deverá ser posta em prática toda vez que houver a necessidade de colocar uma sentença na voz passiva, mesmo quando o verbo transitivo estiver acompanhado de dois objetos (direto e indireto) na voz ativa. A esse respeito, veja agora a frase a seguir:

Julia bought Mike a baloon.
Júlia comprou um balão para o Mike.

Ao analisarmos a estrutura dessa frase, temos:

Julia	*bought*	*Mike*	*a baloon.*
sujeito	**verbo transitivo**	**objeto indireto**	**objeto direto**

Como há a presença de dois objetos na voz ativa, isso implica a possibilidade de duas vozes passivas, com sujeitos diferentes. Reveja as três etapas da regra de conversão expostas anteriormente e observe as frases a seguir, vozes passivas de *Julia bought Mike a baloon*:

Mike was bought a baloon by Julia.
Ao Mike foi comprado um balão pela Júlia.

A baloon was bought to Mike by Julia.
Um balão foi comprado para o Mike pela Júlia.

nas quais temos, respectivamente:

Mike	*was bought*	*a baloon*	*by Julia.*
sujeito	**verbo *to be* + p. passado**	**objeto direto**	**agente da passiva (opcional)**

A baloon	*was bought*	*to Mike*	*by Julia.*
sujeito	**verbo *to be* + p. passado**	**objeto indireto**	**agente da passiva (opcional)**

Para consolidar as regras de conversão da voz ativa para a passiva, analise os pares de frases a seguir, cada um dos quais consiste em uma voz ativa e sua(s) passiva(s) correspondente(s).

Sue is writing a novel. **(v. a.)**
Sue está escrevendo um romance.
A novel is being written by Sue. **(v. p.)**
Um romance está sendo escrito pela Sue.

I have finished my assignment. **(v. a.)**
Terminei minha tarefa escolar.
My assignment has been finished by me. **(v. p.)**
Minha tarefa escolar foi terminada por mim.

This story will terrify everybody. **(v. a.)**
Esta estória vai apavorar todo mundo.
Everybody will be terrified by this story. **(v. p.)**
Todo mundo ficará apavorado por esta estória.

He can run two kilometers every day. **(v. a.)**
Ele pode correr dois quilômetros todo dia.
Two kilometers can be run by him every day. **(v. p.)**
Dois quilômetros podem ser corridos por ele todo dia.

You lent me a thousand dollars. **(v. a.)**
Você me emprestou mil dólares.
I was lent a thousand dollars by you. **(v. p. 1)**
A mim foram emprestados mil dólares por você.

A thousand dollars were lent to me by you. **(v. p. 2)**
Mil dólares foram emprestados a mim por você.

Quanto ao processo inverso, isto é, a conversão da voz passiva de volta para a voz ativa, basta colocar os elementos "de volta no lugar", obedecendo ao caminho abaixo:

a. O sujeito da voz passiva volta a ser o objeto da voz ativa.

b. O agente da passiva volta a ser o sujeito da voz ativa.

c. A estrutura ou o tempo verbal presente no verbo *to be* da locução verbal na voz passiva retorna para a voz ativa no verbo representado pelo particípio passado da voz passiva.

Seguindo-se as três etapas acima, uma voz passiva como:

The exercise was done by Maria.
O exercício foi feito por Maria.

na voz ativa vira:

Maria did the exercise.
Maria fez o exercício.

> Advérbios não entram nas regras de conversão da voz ativa para a voz passiva e vice-versa. Eles podem ocupar qualquer posição em uma frase.

APLICAÇÃO

The ticket ***was bought*** *at the Desert Martini store located at 2120 McCulloch Boulevard Wednesday.*

– ABC

O bilhete **foi comprado** na loja Desert Martini localizada na McCulloch Boulevard, 2120, na quarta-feira.

Unique cloud ***was seen*** *over the First Coast Saturday Morning.*

– FIRST COAST NEWS

Nuvem única **foi vista** sobre a First Cost sábado de manhã.

"None of this stuff ***was done*** *for my baby": Keeshae Jacobs' mother still fighting for her missing daughter.*

– RICHMOND

"Nada disso **foi feito** para o meu bebê": mãe de Keeshae Jacobs ainda luta por sua filha desaparecida.

This book ***was published*** *by Cambridge University Press.*

– CAMBRIDGE

Este livro **foi publicado** pela Cambridge University Press.

20

COMO DIZER AS HORAS?

Para aprender a dizer as horas em inglês, é necessário entender primeiro os elementos presentes no relógio:

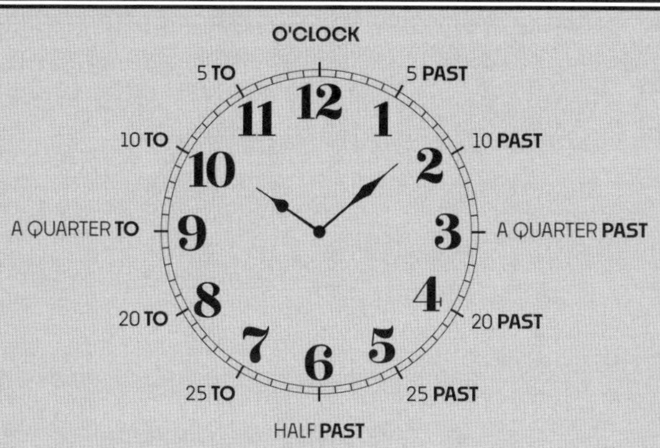

O'clock – forma abreviada de ***of the clock*** (= do relógio), marca a nova hora, que pode ser acompanhada de ***sharp*** ou ***on the dot*** (= em ponto) para trazer ênfase.

Past – Corresponde ao tempo que se passou após o relógio ter marcado uma nova hora. A palavra *after* (= depois, após) também pode ser usada no lugar de *past*.

A quarter past – marca um quarto de hora (15 minutos), passado após o relógio ter marcado uma nova hora. A expressão *a quarter after* também pode ser usada.

Half past – marca os 30 minutos (meia hora) que se passaram após o relógio ter marcado uma nova hora. A expressão *half after* também pode ser usada.

To – Corresponde ao tempo que falta para o relógio marcar uma nova hora.

A quarter to – marca um quarto de hora (15 minutos), que falta para o relógio marcar uma nova hora.

a.m. – abreviação de *ante meridiem* (antes do meio-dia). Portanto, marca o período da madrugada e da manhã.

p.m. – abreviação de *post meridiem* (depois do meio-dia). Portanto, marca o período da tarde e da noite.

Noon/midday – Duas formas para se dizer "meio-dia".

Midnight – Forma usada para se dizer "meia-noite".

Há duas formas de se escreverem as notações correspondentes ao período da madrugada/manhã e ao da tarde/noite:

a. Letras minúsculas acompanhadas de ponto, cada uma:

7:00 a.m. *7:00 p.m.*

b. Letras maiúsculas com tamanho reduzido, sem ponto:

7:00 AM *7:00 PM*

Nos dois casos, deve haver um espaço entre a hora e a notação que a segue.

ATENÇÃO Para se dizer "é" ou "são" na marcação de horas, a forma usada é sempre ***It's***

Vamos, agora, colocar esse conhecimento em prática?

2:00 p.m.
It's two o'clock
São duas da tarde.
It's two o'clock ***sharp***
São duas da tarde em ponto.
It's two o'clock ***on the dot***
São duas da tarde em ponto.

2:05 a.m.
It's two oh five*
São duas e cinco da manhã/madrugada.

It's five past/after two

(literalmente) Cinco minutos após as duas da manhã.

* A forma ***oh*** é usada para representar o zero quando os minutos são inferiores a 10.

2:15 p.m.

It's two fifteen

São duas e quinze da tarde.

It's a quarter past/after two

(literalmente) Um quarto após as duas da tarde.

2:30 p.m.

It's two thirty

São duas e trinta/meia da tarde.

It's half past/after two

(literalmente) Meia hora depois das duas da tarde.

2:42 a.m.

It's two forty-two

São duas e quarenta dois da manhã/madrugada.

2:35 a.m.

It's two thirty-five

São duas e trinta e cinco da manhã/madrugada.

It's twenty-five to three

São vinte e cinco para as três da manhã/madrugada.

2:45 p.m.

It's two forty-five

São duas e quarenta e cinco da tarde.

It's a quarter to three

São quinze para as três da tarde.

2:55 a.m.

It's two fifty-five

São duas e cinquenta e cinco da manhã/madrugada.

It's five to three

São cinco para as três da manhã/madrugada.

12:00 a.m.

It's midnight

É meia-noite.

12:00 p.m.

It's noon

É meio-dia.

It's midday

É meio-dia.

APLICAÇÃO

The time right around ***5:45 p.m.*** *is my favorite part of the day.*

– KPC NEWS

A hora por volta de **5:45 p.m./17h45** é a minha parte favorita do dia.

An empty-truck ban on the New York State Thruway will go into effect at ***noon*** *on Saturday.*

– WGRZ

Uma proibição de caminhões vazios na rodovia Thruway do Estado de Nova York entrará em vigor ao **meio-dia** de sábado.

Official launch time was ***10:00:42 a.m.***

– SPACE.COM

A hora oficial de lançamento foi **10:00:42 a.m./10h00min42s**.

*Is the sleep we get in before **midnight** the best quality (or "worth more" to our bodies)?*

– COSMOPOLITAN

O sono que temos antes da **meia-noite** é de melhor qualidade ou "vale mais" para nossos corpos?

21

COMO ELIMINAR OS CHAMADOS **DANGLING MODIFIERS**?

Um modificador (*modifier*) é uma palavra ou um grupo de palavras que qualifica ou descreve outro vocábulo em uma frase. Muitos grupos de palavras que atuam como modificadores são introduzidos por verbos em ***-ing*** e em ***-ed***. Exemplos:

*Working in his garage, **Steve Jobs** invented the personal computer.*
Trabalhando em sua garagem, **Steve Jobs** inventou o computador pessoal.

*Rejected by his girlfriend, **Paul** got depressed.*
Rejeitado por sua namorada, **Paul** ficou depressivo.

O erro no uso desses modificadores nas frases incorre em dois problemas comuns: modificadores mal colocados (*misplaced modifiers*) e modificadores "soltos" (*dangling modifiers*). Vejamos cada um deles em detalhes.

MISPLACED MODIFIERS

Ocorrem quando o modificador é posicionado incorretamente na frase, gerando problemas como a ambiguidade.

O gato estava usando o pijama da Vanessa? Veja a frase abaixo:

Vanessa was feeding the cat wearing her pajamas.
Vanessa estava alimentando o gato usando o seu pijama.

Quem estava segurando um guarda-chuva: meu filho ou eu? Analise:

Holding an umbrella, I thought my son would open it in the rain.
Segurando um guarda-chuva, eu pensei que meu filho o abriria na chuva.

Para corrigir os problemas das frases acima, basta posicionar os modificadores próximos às respectivas palavras a que eles realmente estão fazendo referência:

*Wearing her pajamas, **Vanessa** was feeding the cat.*
Usando o seu pijama, **Vanessa** estava alimentando o gato.

*I thought **my son**, holding an umbrella, would open it in the rain.*
Eu pensei que **meu filho**, segurando um guarda-chuva, o abriria na chuva.

DANGLING MODIFIERS

Ocorrem quando a palavra à qual o modificador se refere não está na frase, causando problemas de coerência.

Using a borrowed computer, the book was finished with some delay.
Usando um computador emprestado, o livro foi finalizado com certa demora.

Com a presença do elemento modificado, a lógica da frase se estabelece:

Using a borrowed computer, ***Catherine*** *finished the book with some delay.*
Usando um computador emprestado, **Catherine** finalizou o livro com certa demora.

22

COMO EVITAR AS CHAMADAS **RUN-ON SENTENCES**?

Em inglês, uma *run-on sentence*, ou apenas *run-on*, é um erro de sintaxe que ocorre quando duas orações (frases com verbo) são unidas de forma incorreta. Dois tipos de *run-ons* merecem destaque:

1. O que resulta da junção de duas orações por meio de vírgula. Exemplo:

[Gas prices are very high], [people are buying bicycles.]
oração 1 **oração 2**

2. O que resulta da junção de duas orações sem nenhuma pontuação ou conector. Exemplo:

[Gas prices are very high] [people are buying bicycles.]
oração 1 **oração 2**

Como corrigir esse problema? Seguem abaixo algumas alternativas:

a. Usar um ponto para criar duas orações independentes.

*Gas prices are very high***.** *People are buying bicycles.*
Os preços da gasolina estão muito altos. As pessoas estão comprando bicicletas.

b. Usar uma conjunção coordenativa (***for***, ***and***, ***nor***, ***but***, ***or***, ***yet*** ou ***so***, que formam a palavra ***fanboys***, a qual auxilia na memorização dessas conjunções) para conectar as ideias.

Gas prices are very high, ***and*** *people are buying bicycles.*
Os preços da gasolina estão muito altos, **e** as pessoas estão comprando bicicletas.

c. Usar um ponto-e-vírgula para conectar as ideias.

*Gas prices are very high***;** *people are buying bicycles.*
Os preços da gasolina estão muito altos; as pessoas estão comprando bicicletas.

d. Usar um ponto-e-vírgula seguido de um conectivo ou expressão para conectar as ideias.

Gas prices are very high; ***as a result****, people are buying bicycles.*
Os preços da gasolina estão muito altos; **como resultado**, as pessoas estão comprando bicicletas.

e. Usar uma conjunção subordinativa (*although*, *however*, *hence*, *moreover*, *when* etc.) para conectar as ideias.

Because *gas prices are very high, people are buying bicycles.*
Porque os preços da gasolina estão muito altos, as pessoas estão comprando bicicletas.

23

COMO FAZER REFERÊNCIA A PESSOAS CUJO SEXO É DESCONHECIDO?

Em português, remetemo-nos a uma pessoa cujo sexo não sabemos por meio de um pronome que estabelece a concordância com o gênero da palavra que representa o indivíduo, e não com o indivíduo em si – existe uma diferença entre sexo (do indivíduo) e gênero (da palavra). Veja dois exemplos do que ocorre em nossa língua materna:

Quero convidar uma **pessoa**, mas não sei se **ela** vai aceitar.
A pessoa pode ser um homem ou uma mulher.

O **professor** muda o mundo. É **ele** o responsável pela formação de todas as profissões.
O professor representa genericamente todos os homens e mulheres que exercem essa profissão. Com esse uso, a palavra assume a forma masculina.

Porém, em inglês, palavras como ***person***, ***teacher***, ***student***, ***doctor***, ***president***, ***driver*** etc., que têm uma só forma para o masculino e o feminino, não possuem gênero, ao contrário de ***girl***, que é feminina e ***man***, masculina, por exemplo. Muitas vezes, também, essas palavras não deixam claro qual é o sexo de um indivíduo no contexto em que são empregadas.

Nesses casos em que a palavra faz referência a uma pessoa cujo sexo é desconhecido, a língua inglesa não dispõe de um pronome específico para referir-se a ela. Antigamente, as formas masculinas (***he***, ***him***, ***his*** etc.) preenchiam essa lacuna, funcionando como pronomes genéricos, porém hoje não assumem mais esse papel com tanta frequência, havendo reiteradas objeções ao seu uso.

A solução mais amplamente aceita hoje, na fala e na escrita, é o emprego do pronome ***they*** e suas variações (***them***, ***their*** etc.) para se referir não só a substantivos que possuem uma única forma para o masculino e o feminino, mas também a palavras como ***everyone/everybody***, ***no one/nobody***, ***someone/somebody***, ***anyone/anybody***, ***each***, ***either***, ***neither***, entre outras, que não deixam claro pelo contexto se estão fazendo referência a um indivíduo do sexo masculino ou feminino. Exemplos:

*An **adult** has **their** own responsibilities.*
Um **adulto** tem **suas** próprias responsabilidades.

***Everyone** at the company is happy. **They** got a raise.*
Todo mundo na empresa está feliz. **Eles** ganharam um aumento.

*The **taxi driver** is arriving. Here are 20 dollars to pay **them**.*
O **taxista** está chegando. Aqui estão 20 dólares para pagá-**lo**.

*The **president** elect is going to address **their** speech to the nation now.*
O **presidente** eleito vai fazer **seu** discurso à nação agora.

Menos comuns, mas ainda encontrados, são ***he or she*** (e suas variações ***him or her***, ***his ou her*** etc.), ***he/she***, ***she/he*** e ***s/he*** (estes últimos empregados somente na escrita):

*There is a **child** in the backyard. **They** are alone. Nobody is near **them**.*
*There is a **child** in the backyard. **He or she** is alone. Nobody is near **him or her**.*
Tem uma **criança** no quintal. **Ela** está sozinha. Ninguém está perto **dela**.

*There is a **child** in the backyard. **S/he** is alone.*
Tem uma **criança** no quintal. **Ela** está sozinha.

*There was **someone** waving at me. **He/she** looked sad.*
Havia **alguém** acenando para mim. **Esse alguém** parecia triste.

APLICAÇÃO

*A nurse has to be very open and understanding. **They** must listen to **their** patients and respond to them.*

– CAMBRIDGE

Um enfermeiro tem que ser muito aberto e compreensivo. **Ele** deve ouvir **seus** pacientes e responder a eles.

*Everyone has **their** own Christmas memories.*

– THE NORTH PLATTE TELEGRAPH

Todo mundo tem **suas** próprias memórias de Natal.

The Supreme Court observed that if a regular promotion is offered but is refused by the employee before becoming entitled to a financial upgradation, ***she/he*** *shall not be entitled to financial upgradation only because* ***he/she*** *has suffered stagnation.*

– LIVE LAW

O Supremo Tribunal Federal observou que se uma promoção regular é oferecida, mas é recusada pelo empregado antes de ter direito a uma atualização financeira, **ele** não terá direito à atualização financeira só porque **ele** sofreu estagnação.

It is especially important to stop when one of the drivers doesn't and ***he or she*** *has left behind a seriously injured driver or pedestrian.*

– LONGVIEW NEWS-JOURNAL

É especialmente importante parar quando um dos motoristas não para e **ele** deixa para trás um motorista ou pedestre gravemente ferido.

24

COMO SE USA O **IT**?

O pronome ***it*** (e suas outras formas – oblíqua, possessiva etc.) se aplica a coisas, animais (quando o sexo é desconhecido) e bebês (geralmente quando ainda está na barriga da mãe e não se sabe se é menino ou menina).

My watch is broken. Do you know how to fix ***it****?*

Meu relógio está quebrado. Você sabe como consertá-**lo**?

We could see an elephant from afar and a man who was feeding ***it****.*

Pudemos ver um elefante de longe e um homem que estava alimentando-**o**.

Oh, you are pregnant! Is ***it*** *a boy or a girl?*

Ah, você está grávida! É **o bebê** menino ou menina?

Além disso, ***it*** pode ser empregado em uma oração sem sujeito. Nesse sentido, é importante saber que o inglês formal não permite a omissão do sujeito na frase, o que é comum no português. Assim, quando, em português, temos uma oração sem sujeito, em inglês esse espaço vazio é geralmente ocupado por ***it***, o qual não é traduzido:

It*'s three o'clock.*

____ São três horas.

It *is raining.*

____ Está chovendo.

O espaço vazio nessas traduções mostra a ausência de sujeito na frase, a qual é preenchida por ***it***, em inglês. Ademais, quando o objeto de uma frase em português é omitido, em inglês se emprega ***it***, pois a norma culta do idioma não permite que a posição do objeto fique vazia também.

Let's buy ***it****, please!*

Vamos comprar, por favor!

Hmmm this food smells delicious. Can I try ***it****?*

Hmmm essa comida está com um cheiro delicioso. Posso provar?

Na fala e na escrita informais do inglês, frases como ***Seems nice*** em vez de ***It seems nice*** (= parece ótimo), ***Sounds good*** em lugar de ***It sounds good*** (= parece bom), ***Looks like a bad idea*** no lugar de ***It looks like a bad idea*** (= parece uma má ideia), entre outras, são perfeitamente aceitáveis.

APLICAÇÃO

***It** could be the start of a brilliant new era of immersive cinema.*

– THE GUARDIAN

___ Pode ser o início de uma brilhante nova era do cinema imersivo.

*Still using a classic BlackBerry? **It**'s going to stop working today, company says.*

– CBC

Ainda usando um BlackBerry clássico? **Ele** vai parar de funcionar hoje, diz a empresa.

*While the messaging app allows users to stay in touch with friends, family, and new acquaintances, **it** can also be a source of unwanted contacts and privacy violations.*

– ZEE NEWS

Embora o aplicativo de mensagens permita que os usuários mantenham contato com a família, amigos e novos conhecidos, **ele** também pode ser uma fonte de contatos indesejados e violações de privacidade.

*Just do **it**.*

– NIKE

Apenas faça.

25

COMO USAR **I WISH...?**

A construção ***I wish*** (podendo ***I*** ser trocado por um dos outros *subject pronouns*: ***you***, ***he***, ***she***, ***it***, ***we*** ou ***they*** ou, ainda, por um substantivo) expressa diferentes sentidos dependendo da estrutura gramatical que a segue. Assim, vejamos as diferentes maneiras como essa expressão é empregada.

a. *I wish* + objeto – construção usada para expressar desejos (bons ou ruins) a alguém. Nesse contexto, ***I wish*** é traduzido literalmente: "Eu desejo".

*My sister couldn't come, but **she wishes** you a life full of accomplishments.*
Minha irmã não pôde vir, mas **ela deseja** a você uma vida cheia de realizações.

***We wish** you a Merry Christmas and a Happy New Year!*
Nós te **desejamos** um feliz Natal e um feliz Ano Novo!

***I wish** she suffers the consequences of her acts.*
Eu desejo que ela sofra as consequências dos seus atos.

***I wish** that the environment be respected.*
Eu desejo que o meio ambiente seja respeitado.

b. *I wish* + infinitivo com *to* – construção usada para expressar um desejo de se fazer alguma coisa. ***I wish*** também é traduzido literalmente: "Eu desejo".

***They wish** to build an animal sanctuary.*
Eles desejam construir um santuário de animais.

*Do you know what **I wish** to do? Get to know all South America.*
Sabe o que **eu desejo** fazer? Conhecer toda a América do Sul.

***We wish** to establish a closer relationship with our business partners.*
Desejamos estabelecer uma relação mais próxima com nossos parceiros de negócios.

c. *I wish* + *simple past* – construção usada para expressar arrependimento por alguma situação no presente. Veja como essa construção é interpretada nas frases a seguir, em que ***I wish*** não é traduzido literalmente.

I wish I were rich.

Eu queria ser rica.

Entenda-se: não sou rica, mas queria ser.

I wish I had children.

Eu queria ter filhos.

Entenda-se: eu gostaria de ter filhos, mas não tenho.

Jason wishes Carrie weren't so snobbish.

Jason queria que a Carrie não fosse tão esnobe.

Entenda-se: Carrie é esnobe e Jason queria que ela fosse diferente.

d. ***I wish*** + ***past perfect*** – construção usada para expressar arrependimento por alguma situação no passado. Veja como essa construção é interpretada nas frases, em que ***I wish*** não é traduzido literalmente.

I wish you had talked to me first.

Eu queria que você tivesse falado comigo primeiro.

Entenda-se: você deveria ter falado comigo primeiro, mas não o fez.

Luke wishes he hadn't sold his computer.

Luke queria não ter vendido o computador dele.

Entenda-se: Luke vendeu o computador dele e está arrependido.

I wish I hadn't met you.

Eu queria não ter te conhecido.

Entenda-se: eu te conheci e me arrependo disso.

e. ***I wish*** + ***would*** – construção usada com dois sentidos: 1) para expressar uma crítica em relação ao comportamento de alguém e 2) para expressar um desejo de que algo aconteça, mais especificamente de que alguém faça alguma coisa. Veja como essa construção é interpretada nessas frases, em que ***I wish*** não é traduzido literalmente.

I wish people wouldn't complain about their lives all the time.

Eu queria que as pessoas não reclamassem das suas vidas o tempo todo.

Entenda-se: essa atitude é irritante, e eu queria que as pessoas parassem com isso.

Grandma wishes you would call her sometimes.

A vovó queria que você ligasse para ela mais vezes.
Entenda-se: a vovó está frustrada porque você não liga para ela.

I wish my boss would give me a raise.

Eu queria que meu chefe me desse um aumento.
Entenda-se: eu acho que mereço um salário maior.

I wish... nos usos **c.**, **d.** e **e.** também podem ser traduzidos como "Quem (me) dera...".

Não custa reforçar: essa tradução só é possível quando o pronome usado com ***wish*** é ***I***. Retomemos um exemplo de cada uso acima, trazendo, agora, essa tradução.

I wish *I were rich.*

Quem dera eu fosse rica.

I wish *I hadn't met you.*

Quem me dera eu não tivesse te conhecido.

I wish *people wouldn't complain about their lives all the time.*

Quem dera que as pessoas não reclamassem das suas vidas o tempo todo.

I wish, sozinho, também pode ser traduzido como "Quem (me) dera". Veja abaixo:

Marcos: Are you already on vacation?

Bruno: ***I wish!*** *I still have two more weeks of work.*

Marcos: Você já está de férias? / Bruno: **Quem me dera!** Eu ainda tenho mais duas semanas de trabalho.

APLICAÇÃO

***I wish** I had known how serious it could be.*

- INEWS

Eu queria ter sabido o quão sério isso poderia ser.

*Apple TV Plus has one great feature **I wish** other streaming services would copy.*

- TOM'S GUIDE

Apple TV Plus tem um grande recurso que **eu gostaria** que outros serviços de streaming copiassem.

*"What we've heard from a lot of the juveniles who've gone through the system is that **they wish** they could have felt more empowered as we're going through their cases", Daugherty said.*

- COLORADO NEWSLINE

"O que ouvimos de muitos dos jovens que passaram pelo sistema é que **eles gostariam** de ter se sentido mais capacitados enquanto analisamos seus casos", disse Daugherty.

*Lisa Ling is telling the stories **she wishes** she'd heard as a kid.*

- CNN

Lisa Ling está contando as histórias que **ela gostaria** de ter ouvido quando criança.

26

CONDITIONAL SENTENCES

SÓ PODEM COMEÇAR COM **IF**?

A oração condicional propriamente dita, na qual a conjunção se faz presente, é tratada em inglês como ***if-clause*** (oração com *if*, ou seja, a condicional). Embora existam outras maneiras de se denotar condição, *if* (se) é a conjunção mais amplamente usada, portanto ela é representativa do grupo das conjunções condicionais existentes. Porém, isso não quer dizer que as *conditional sentences* devam começar somente com *if*. Há outras formas de substituir essa conjunção:

After *– depois de*
As a consequence of *– como consequência de*
As long as, so long as, providing (that), provided (that) *– contanto que*
As soon as *– assim que*
Assuming *– supondo que*
But for *– sem, exceto por*
Even if *– mesmo se*
In case (of) *– caso, em caso de*
On condition that *– com/sob a condição de que*
Once *– uma vez que*
Only if *– apenas se*
Since *– desde que*
Unless *– a menos que*
When *– quando*
Whenever *– quando quer que*
Wherever *– onde quer que*

Veja exemplos de orações condicionais sem *if*:

You can't get on the bus ***unless*** *you have a ticket.*
Você não pode entrar no ônibus **a menos que** tenha uma passagem.

Only if *you forgive her, she will feel better.*
Apenas se você a perdoar, ela se sentirá melhor.

After *he gets the promotion, he will get a new office.*
Depois que ele for promovido, vai ganhar um novo escritório.

*You can get a new dress, **assuming** one is on sale.*

Você pode comprar um vestido novo, **supondo** que há um em liquidação.

***Whenever** I eat spicy food, I get hives.*

Sempre que como comida picante, fico com urticária.

***Once** the chores are done, we will go to the park.*

Uma vez que as tarefas estiverem terminadas, iremos ao parque.

*I wouldn't be happy **even if** I had all the money in the world.*

Eu não ficaria feliz **mesmo se** eu tivesse todo o dinheiro do mundo.

***As long as** you get home early, you can go.*

Contanto que você chegue em casa cedo, você pode ir.

*I promise to help you **on condition that** you help me as well.*

Eu prometo te ajudar **com a condição de que** você me ajude também.

***But for** your help, I wouldn't have succeeded.*

Sem a sua ajuda, eu não teria obtido êxito.

APLICAÇÃO

*Trump's new social media company says users won't be censored – **unless** they disrespect the site.*

– NBC NEWS

A nova empresa de mídia social de Trump diz que os usuários não serão censurados – **a menos que** desrespeitem o site.

"***As long as** you remember them, they live*".

– SAN ANTONIO EXPRESS-NEWS

"**Contanto que/Desde que** você se lembre deles, eles vivem".

"*You Have More Influence Than You Think*", *but **only if** you do it right.*

– WYOMING NEWS

"Você tem mais influência do que pensa", mas **apenas se** você fizer certo.

*Algorithms can't replace Lewis Hamilton, **even if** they're faster drivers.*

– THE NEXT WEB-NEWS

Algoritmos não podem substituir Lewis Hamilton, **mesmo que** sejam pilotos mais rápidos.

27

COULD OU **MIGHT**?

Could e ***might***, traduzidos de modo geral como "poderia" (mas nem sempre), integram o grupo dos chamados verbos modais, ou *modal verbs*, que, antes de um verbo no infinitivo (sem a partícula *to*), agregam a ele sentidos adicionais, tais como habilidade, proibição, obrigação, probabilidade, entre outros. A formação de perguntas com os verbos modais segue a mesma regra do verbo ***to be*** (há a troca de lugar do modal com o sujeito da frase), assim como a formação das negativas.

Com base nisso, vejamos os sentidos possíveis que ***could*** e ***might*** podem trazer e, para facilitar o estudo, enfocaremos primeiro o que ambos têm em comum e, depois, os sentidos atribuídos a cada um de forma individual.

COULD E **MIGHT**: POSSIBILIDADE

O contexto da frase pode mostrar ***could*** e ***might*** ligados à ideia de possibilidade. Porém, a possibilidade associada a ***might*** é mais remota, mais fraca, do que a expressa por ***could***. Veja os exemplos:

*You **could** be right.*
Talvez você tenha razão.

*You **could** have been killed.*
Você **poderia** ter morrido.

*The storm **could** get worse.*
A tempestade **pode** ficar pior.

*I **might** go to Japan for a month to study Japanese.*
Eu **devo** ir ao Japão por um mês para estudar japonês.

*She **might** not have heard.*

Pode ser que ela não tenha ouvido.

*They **might** not like Mexican food.*

Eles **podem** não gostar de comida mexicana.

*"Are you going to the party tomorrow?"/ "**I might**, not sure."*

"Você vai à festa amanhã?" / "**Talvez eu vá**, não tenho certeza."

COULD E MIGHT: PERMISSÃO

O contexto da frase pode mostrar ***could*** e ***might*** ligados à ideia de permissão. Usado desse modo, ***could*** é uma alternativa mais formal para ***can*** (veja a dúvida **18**) e ***might*** é ainda muito mais formal e pouco usado, sendo empregado muitas vezes em tom humorístico. Veja os exemplos:

***Could** I ask a personal question?*

Eu **posso** fazer uma pergunta pessoal?

***Could** I use your phone?*

Posso usar seu telefone?

*He said I **could** go.*

Ele disse que eu **podia** ir.

***Might** I ask your address?*

Posso perguntar o seu endereço?

***Might** I suggest the oysters, sir?*

Me permita que eu sugira as ostras, senhor?

***Might** we interrupt you for a moment?*

Podemos te interromper por um momento?

COULD: PEDIDOS

O contexto da frase pode mostrar ***could*** sendo usado para fazer pedidos de maneira mais formal. Nesse caso, o modal ***would*** também pode ser empregado, sem diferença de sentido.

Could/Would *you please close the door?*
Você **poderia** fechar a porta, por favor?
Could/Would *you tell her I am already home?*
Você **pode** dizer a ela que eu já estou em casa?

COULD: HABILIDADE NO PASSADO

O contexto da frase pode mostrar ***could*** sendo usado para indicar uma habilidade no passado. Nesse caso, ***could*** é interpretado como o passado do modal ***can***.

*When I was young, I **could** easily touch my toes.*
Quando eu era jovem, eu **conseguia** tocar os dedos do pé com facilidade.
*She **could** read when she was four.*
Ela **sabia** ler aos quatro anos de idade.
*He **couldn't** walk at the age of one.*
Ele **não sabia** andar com um ano de idade.

COULD: SUGESTÕES

O contexto da frase pode mostrar ***could*** sendo usado para fazer sugestões.

*We **could** take the bus.*
Podíamos pegar o ônibus.
*"Rafaela's party is fancy-dress." / "Oh right. I **could** go as Tinker Bell."*
"A festa da Rafaela é à fantasia." / "Ah, beleza. Eu **posso** ir vestida de Fada Sininho."

MIGHT: SUGESTÕES

O contexto da frase pode mostrar ***might*** sendo usado para fazer sugestões. No entanto, diferentemente da sugestão expressa com ***could***, ***might*** é frequentemente empregado junto com os verbos ***like***, ***prefer*** ou ***want*** de forma a tornar a sugestão mais formal e indireta.

*You **might like** to try one of our wonderful desserts.*
Você **pode querer** experimentar uma das nossas sobremesas maravilhosas.

*You **might want** to double-check your link and try again or return to the homepage.*
Você **pode querer** verificar seu link mais uma vez e tentar novamente ou retornar à página inicial.

*This is something you **might prefer** to buy in person rather than online.*
Isso é algo que você **pode preferir** comprar pessoalmente em vez de virtualmente.

APLICAÇÃO

*She'll likely appeal to a higher court and **could** remain free while that appeal is pending.*

– THE FORTUNE

Ela provavelmente vai apelar para um tribunal superior e **pode** permanecer livre enquanto essa apelação estiver pendente.

***Could** we live in a world without rules?*

– THE CONVERSATION

Nós **poderíamos** viver em um mundo sem regras?

*Expecting that we will be able to place our fatigue and difficulties aside to run full tilt at a range of new goals **might** be overly ambitious.*

– ABC EVERYDAY

Esperando que sejamos capazes de colocar nossa fadiga e dificuldades de lado para correr a todo vapor em uma série de novas metas **pode** ser excessivamente ambicioso.

*But snow **might** come again later this week.*

– DENVER GAZETTE

Mas a neve **pode** voltar mais tarde esta semana.

28

CUT MY HAIR OU HAVE MY HAIR CUT?

A resposta para essa dúvida é: depende!

Em português, após termos recebido cuidados nos cabelos ou nas unhas, por exemplo, geralmente dizemos frases como "Cortei o cabelo", "Pintei o cabelo" ou "Fiz as unhas". Claro que o contexto nos ajuda a entender que não foi o próprio falante que colocou a ação em prática, mas que ele pagou ou pediu a outra pessoa para fazer isso. Ademais, perceba que frases como essas podem também ser empregadas para mostrar que nós mesmos fizemos uma ação, sem a necessidade da ajuda de outra pessoa; nesses casos, costumamos enfatizar a frase em português, acrescentando informações como as que seguem (em negrito) para deixarmos claro o que realmente queremos dizer:

Eu **mesma** cortei meu cabelo.
Eu pintei meu **próprio** cabelo.
Eu fiz as unhas **por conta própria**.

Portanto, em português, é comum que a mesma frase traga duas interpretações diferentes, considerando o cenário exposto até aqui. Nesse sentido, se alguém diz "Consertei meu carro", podemos entender pelo contexto que:

a. O dono do carro solicitou os serviços de um mecânico para o conserto do veículo (interpretação mais comum) ou

b. O dono do carro consertou o veículo ele mesmo.

Em inglês, se há dois contextos diferentes, a estrutura da frase ou a palavra normalmente sofre mudanças, e é aqui que entram os verbos ***have*** e ***get*** com sentido causativo. Nesse sentido, as duas frases a seguir apresentam entendimentos distintos:

I did my nails yesterday.
*I **had/got** my nails done yesterday.*

Em *I did my nails yesterday*, eu não tenho duas interpretações possíveis conforme o contexto, como acontece em português. Essa frase só pode ser entendida como "Eu mesma fiz minhas unhas."

Já em *I had my nails done* ou *I got my nails done*, temos ***have*** e ***get*** com sentido causativo, implicando que não foi o próprio falante que fez a ação, mas, em vez disso, ele garantiu que ela fosse realizada ao solicitar os serviços de alguém para isso. Sendo assim, literalmente, temos a seguinte tradução, à qual subjaz claramente a ideia causativa:

*I **had/got** my nails done yesterday.*
Eu tive minhas mãos feitas – por alguém – ontem.

Uma frase com ***have*** e ***get*** com sentido causativo obedece à seguinte estrutura:

***Have/get* + objeto + particípio passado**, associado a uma ideia passiva

Veja mais exemplos dessa estrutura:

*I'm going to **have/get my hair cut** this afternoon.*
Vou cortar o cabelo hoje à tarde.
Entenda-se: ir ao salão para que alguém corte o cabelo.

*I need to **have/get my watch repaired**.*
Preciso consertar meu relógio.
Entenda-se: pedir que um técnico conserte o relógio.

*Could you please **have/get these towels washed**?*
Você pode lavar essas toalhas, por favor?
Entenda-se: pedir que você leve as toalhas para serem lavadas por outra pessoa.

Compare a última frase com:

*Could you please **wash these towels**?*
Você pode lavar essas toalhas, por favor?
Entenda-se: você mesmo pode lavá-las?

*He should **have/get his car checked** before the long road trip.*
Ele deve revisar o carro antes da longa viagem.
Entenda-se: ele deve pedir a alguém para revisá-lo.

Compare a última frase com:

*He should **check his car** before the long road trip.*
Ele deve revisar o carro antes da longa viagem.
Entenda-se: ele mesmo deve revisá-lo.

Para finalizar, entenda que o uso de ***have*** como causativo no contexto descrito se diferencia de ***have*** dentro da voz passiva nos seguintes exemplos,

*Hundreds of people **had their homes destroyed** by the hurricane.*
Centenas de pessoas **tiveram suas casas destruídas** pelo furacão.
*(= Their homes **were destroyed** by the hurricane.)*

*Connor and Murphy reportedly **had their cars stolen** at the restaurant.*
Connor e Murphy supostamente **tiveram seus carros roubados** no restaurante.
*(= Their cars **were** reportedly **stolen** at the restaurant.)*

nos quais a tradução da estrutura com ***have***, em negrito, é realmente literal, como se pode ver pela tradução, e não é possível substituir ***have*** por ***get*** no inglês formal.

APLICAÇÃO

*Streeter Found a Way to **Get It Done**.*
– SPORTS ILLUSTRATED
Streeter encontrou um jeito de **fazê-lo**.

*We **had** a man **singing** to us as we sat in the restaurant having our meal.*

– CAMBRIDGE

Tivemos um homem **cantando** para nós enquanto estávamos sentados no restaurante comendo.

*He **got** his washing machine **fixed**.*

– PERFECT ENGLISH GRAMMAR

Ele **consertou** sua máquina de lavar.

*Prime Painting and Construction of Tempe launched a contest that would give one family the chance to **get** their entire house **painted** for free.*

– WEST VALLEY VIEW

A Prime Painting and Construction of Tempe lançou um concurso que daria a uma família a chance de **ter** sua casa inteira **pintada** de graça.

29

DESPITE OU **IN SPITE OF**?

Ambos compartilham a mesma tradução: "apesar de". Têm igualmente em comum o emprego em frases, no sentido de que:

a. Ambos são seguidos de verbo no gerúndio (*-ing*):

__Despite__ feeling honored with your invite, I will have to turn it down, unfortunately.

***In spite of** feeling honored with your invite, I will have to turn it down, unfortunately.*

Apesar de me sentir honrada com seu convite, terei que recusá-lo, infelizmente.

b. Ambos são seguidos de substantivo ou pronome:

***Despite** everything that happened, I will give you a second chance.*
***In spite of** everything that happened, I will give you a second chance.*
Apesar de tudo que aconteceu, eu lhe darei uma segunda chance.

c. Ambos são seguidos de *the fact that*:

***Despite** the fact that we are late, I think Karen won't mind waiting ten minutes more.*
***In spite of** the fact that we are late, I think Karen won't mind waiting ten minutes more.*
Apesar do fato de que estamos atrasadas, acho que a Karen não vai se importar em esperar mais dez minutinhos.

APLICAÇÃO

***Despite** a punishing drought, San Diego has water.*
– THE NEW YORK TIMES
Apesar de uma seca penosa, San Diego tem água.

*Regulators haven't authorized any tools to help young people stop vaping, **despite** a growing public health crisis.*
– FORTUNE
Os organismos reguladores não autorizaram nenhum meio para ajudar os jovens a parar de fumar, **apesar de** uma crescente crise de saúde pública.

*A Room With a View: We can grow from trauma, not **in spite of** it.*
– THE DAILY FREE PRESS
Uma sala com vista: podemos superar a partir do trauma, e não **apesar d**ele.

*She made it clear Britain was not uneasy about Chinese or Saudi investment in most parts of the economy, **in spite of** concerns about human rights abuses.*

– FINANCIAL TIMES

Ela deixou claro que a Grã-Bretanha não estava preocupada com o investimento chinês ou saudita na maior parte da economia, **apesar d**as preocupações com abusos de direitos humanos.

30

DIFFERENT FROM, DIFFERENT TO OU DIFFERENT THAN?

Em inglês, quando empregamos o adjetivo ***different*** para fazer uma comparação, dizendo que "A é diferente de B", podemos pospor a ele as preposições ***from***, ***to*** ou ***than***, sem problemas e sem alteração de significado.

Apenas a título de curiosidade e de maior detalhamento, ***different from*** tende a ser a forma mais empregada no uso geral da língua inglesa, ***different from*** e ***different to*** têm uso corrente no inglês britânico, ao passo que ***different than*** é mais restrito ao inglês americano.

Although we are twins, my tastes are very ***different from*** *his.*

Embora sejamos gêmeos, meus gostos são muito **diferentes dos** dele.

That's funny: the way Patrick is acting looks ***different from/to*** *what it really is.*

Estranho: a forma com que Patrick está agindo parece **diferente d**o que realmente é.

This house is ***different than*** *it was five years ago.*

Essa casa é **diferente d**o que era cinco anos atrás.

APLICAÇÃO

*As Kyle Rittenhouse's trial has played out, moments of apparent deference to the defendant by the judge have struck observers as curiously **different from** other murder proceedings.*

- ABC NEWS

Enquanto o julgamento de Kyle Rittenhouse se desenrolava, momentos de aparente deferência ao réu por parte do juiz pareceram aos observadores curiosamente **diferentes de** outros protocolos por assassinato.

*But are these two forms of exercise really that **different from** one another? And if so, which one is better for you?*

- CNN

Mas são essas duas formas de exercício realmente tão **diferentes** uma **da** outra? E, se sim, qual é melhor para você?

*Industry's progress on net zero "feels **different**" **to** previous efforts, CLC boss says.*

- BUILDING

O progresso da indústria no zero líquido "parece **diferente**" **dos** esforços anteriores, diz chefe da CLC.

*That's a little **different than** the one he shared in California with Curry, who looked like he was having the time of his life.*

- NEW YORK POST

Isso é um pouco **diferente do** que ele compartilhou na Califórnia com Curry, que parecia que ele estava tendo o melhor momento de sua vida.

31

DREAM OF OU **DREAM ABOUT**?

Usa-se ***dream of*** quando você tem algo como objetivo ou desejo:

*I **dream of** getting my PhD.*
Sonho em conseguir meu doutorado.

Usa-se ***dream about*** quando você sonha com algo ou alguém enquanto dorme:

*I **dreamed about** you last night.*
Sonhei com você ontem à noite.

APLICAÇÃO

*Do You **Dream Of** Retiring As A Millionaire? It May Be Within Your Reach.*
– FORBES

Você **sonha em** se aposentar como um milionário? Isso pode estar ao seu alcance.

*According to dream analyst Layne Dalfen, there are very practical ways to intentionally **dream about** someone.*
- BUSTLE

De acordo com a analista de sonhos Layne Dalfen, há diversos jeitos práticos de intencionalmente **sonhar com** alguém.

*Another way to **dream about** someone is to make them a fixture in your subconscious.*
– BUSTLE

Outra maneira de **sonhar com** alguém é torná-lo um elemento fixo em seu subconsciente.

32

EITHER OU **NEITHER**?

Apesar de parecidas, você precisa entender logo de início que ***either*** possui um sentido positivo, sendo empregado, em geral, nas frases afirmativas. ***Neither*** por outro lado, consiste na junção de ***not*** + ***either***, relacionando-se a uma ideia negativa e, por conseguinte, torna as frases negativas. Contudo, saber apenas essa informação não é suficiente para que você consiga dar conta de todos os usos de ***either*** e ***neither*** e, por isso, iremos tratar dos diferentes contextos de emprego de ambos, separadamente.

USOS DE **EITHER**

a. Na construção correlativa ***either... or***, significando "ou... ou":

In hot days, it's advisable to drink ***either*** *coconut water* ***or*** *natural juice.*
Nos dias quentes, é aconselhável beber **ou** água de coco **ou** suco natural.

Her accent seems to be ***either*** *British* ***or*** *Irish.*
O sotaque dela parece ser **ou** britânico **ou** irlandês.

You ***either*** *stop smoking* ***or*** *face the music.*
Você **ou** para de fumar **ou** enfrenta as consequências.

b. Com o sentido de "um ou outro", ou "qualquer um dos dois":

There's coffee with cream and hot chocolate. I can bring you ***either***.
Tem café com leite e chocolate quente. Posso te trazer **um ou outro**.

We have Monday or Tuesday as options. ***Either*** *day is fine with me. What about you?*

Temos segunda ou terça como opções. **Qualquer um dos dois** dias está bom para mim. E você?

Either *team is going to win the match, anyway.*

Um ou outro time vai ganhar a partida, de qualquer forma.

c. Na construção ***either of***, com o sentido de "algum(a) de":

Can ***either of*** *you help me paint the living room next week?*

Algum de vocês pode me ajudar a pintar a sala semana que vem?

Either of *the girls surely knows him.*

Alguma das meninas com certeza o conhece.

Has ***either of*** *them replied to your e-mail yet?*

Algum deles já respondeu ao seu e-mail?

d. Em frases negativas, com o significado de "nenhum(a)":

*I have****n't*** *tried* ***either*** *of the dishes, because I feel sick.*

Não provei **nenhum** dos pratos, porque me sinto enjoada.

*Marina got to visit two amazing countries, but she did****n't*** *like* ***either***.

Marina pôde visitar dois países incríveis, mas **não** gostou de **nenhum**.

e. Ao final de frases negativas, com o significado de "também":

*Juan isn't here today. Josh is****n't*** *here* ***either***.

Juan não está aqui hoje. Josh **também não** está.

*You ca****n't*** *have an orange* ***either***, *because it's citrus fruit.*

Você **não** pode comer uma laranja **também**, porque é fruta cítrica.

USOS DE **NEITHER**

a. Com o sentido de "nem" ou "também não":

*"She doesn't like staying up late." / "**Neither** do I."*
"Ela não curte ficar acordada até tarde." / "**Nem** eu."

*"I am not good at Physics."/ "**Neither** is Cintia."*
"Não sou bom em Física." / "Cintia **também não**."

*"Rodrigo can't swim."/ "**Neither** can you."*
"Rodrigo não sabe nadar." / "**Nem** você."

> *"I don't either"*, *"Cintia isn't either"* e *"You can't either"* podem substituir a segunda frase de cada exemplo acima, respectivamente. Para saber mais sobre isso, consulte a dúvida **81**.

b. Na construção correlativa ***neither... nor***, significando "nem... nem":

*I eat **neither** shrimp **nor** lobster, because I am allergic to them.*
Não como **nem** camarão **nem** lagosta, pois sou alérgica.

***Neither** you **nor** anyone will tell me what I should or should not do.*
Nem você **nem** ninguém vai me dizer o que eu devo ou não fazer.

*The data are **neither** reliable **nor** accurate.*
Os dados não são **nem** confiáveis **nem** precisos.

c. Com o sentido de "nem um nem outro", ou "nenhum dos dois":

*Don't invite Jessica and Bruna. I get along with **neither**.*
Não convide Jéssica e Bruna. Não me dou bem com **nenhuma das duas**.

***Neither** answer is correct.*

Nem uma nem outra resposta está correta.
ou
Nenhuma resposta está correta.

*In my opinion, **neither** team plays well.*

Na minha opinião, **nenhum dos dois** times joga bem.

d. Na construção ***neither of***, com o sentido de "nenhum(a) de":

***Neither of** the items you chose is in stock.*

Nenhum dos itens que você escolheu está em estoque.

***Neither of** you can reveal the secret.*

Nenhum de vocês pode relevar o segredo.

***Neither of** these dogs comes from the same breed.*

Nenhum desses cães é da mesma raça.

e. Acrescentando uma negação à frase, com o significado de "nenhum(a)" (compare as frases abaixo com as do item d, na seção sobre os usos de ***either***):

*I have tried **neither** of the dishes, because I feel sick.*

Não provei **nenhum** dos pratos, porque me sinto enjoada.

*Marina got to visit two amazing countries, but she liked **neither**.*

Marina pôde visitar dois países incríveis, mas **não** gostou de **nenhum**.

Segundo a norma culta da língua inglesa, o verbo que segue ***either*** e ***neither*** (assim como as construções das quais eles fazem parte) fica no **singular**.

APLICAÇÃO

*"You're **either** with us **or** against us".*

– NBC SPORTS

"**Ou** você está conosco **ou** contra nós".

*Molly Gray is neurodivergent, and may even have autism spectrum disorder, not that Molly uses **either of** those terms.*

– NPR

Molly Gray é neurodivergente e pode até ter transtorno do espectro autista, não que Molly use **algum d**esses termos.

*Now there's no turning back for **either** man.*

– NBC SPORTS

Agora não há como voltar atrás para **nenhum** dos homens.

*But opposition parties have **not** pushed back strongly **either**.*

– NDTV

Mas os partidos de oposição **também não** recuaram fortemente.

*A lack of concordance between attitudes and actions is **neither** new **nor** problematic, but instead points to the importance of meeting people where they are.*

– SCIENTIFIC AMERICAN

A falta de concordância entre atitudes e ações não é **nem** nova **nem** problemática, mas aponta para a importância de encontrar as pessoas onde elas estão.

*Are You Religious or Spiritual? Both or **Neither**?*

– PSYCHOLOGY TODAY

Você é religioso ou espiritual? Ambos ou **nenhum dos dois**?

*The 2009 deal shows both Epstein and Virginia Giuffre agreed that **neither of** them would disclose the deal to other parties – unless ordered to do so by a court.*

– BBC

O acordo de 2009 mostra que tanto Epstein quanto Virginia Giuffre concordaram que **nenhum d**eles divulgaria o acordo a outras partes – a menos que fosse ordenado por um tribunal.

33

EM QUAIS CONTEXTOS **NÃO** SE USAM FORMAS CONTRAÍDAS?

Não se usam formas contraídas do verbo *to be* ou de verbos auxiliares com o sujeito da frase nos seguintes contextos:

a. Em respostas afirmativas curtas:

*Yes, she **is**.* (correto)
*Yes, she**'s**.* (incorreto)

*Yes, I **have**.* (correto)
*Yes, I**'ve**.* (incorreto)

b. Em frases feitas, como:

*Here I **am**!* (correto)
*Here I**'m**!* (incorreto)

*There she **is**!* (correto)
*There she**'s**!* (incorreto)

c. Em frases negativas, quando se quer enfatizar a negação:

*I've told you, I did **not** do it!*
Eu te disse, eu **não** fiz isso!

*I will **not** go.*
Eu **não** vou.

Não se usam formas contraídas resultantes da junção do verbo *to be* ou de verbos auxiliares com o sujeito da frase e de ***not*** com verbo *to be*, verbos auxiliares e verbos modais em contextos que exigem um maior grau de formalidade, na fala ou na escrita:

*Mary **won't** be able to come.* **(menos formal)**
*Mary **will not** be able to come.* **(mais formal)**
Mary não poderá vir.

*I'**d** never seen this before.* **(menos formal)**
*I **had** never seen this before.* **(mais formal)**
Eu nunca tinha visto isso antes.

*I **couldn't** answer the phone, sorry.* **(menos formal)**
*I **could not** answer the phone, sorry.* **(mais formal)**
Eu não consegui atender o telefone, desculpe.

*He **wasn't** feeling well this morning.* **(menos formal)**
*He **was not** feeling well this morning.* **(mais formal)**
Ele não estava se sentindo bem hoje de manhã.

Não existe forma contraída de ***am not*** e de ***may not***, tanto na fala quanto na escrita.

Também em contextos informais se empregam contrações de palavras visando a dar maior rapidez ao discurso e, por isso, são muito comuns em letras de música e na variedade norte-americana do inglês. Veja as contrações vocabulares mais comuns:

cuppa *cup of*	***gotta*** *got to*	***oughta*** *ought to*
didja *did you*	***hafta*** *have to*	***outta*** *out of*
dontcha *don't you*	***hasta*** *has to*	***sorta*** *sort of*
dunno *don't know*	***I'ma*** *I'm going to*	***tellem*** *tell them*
gimme *give me*	***kinda*** *kind of*	***tryna*** *trying to*
gonna *going to*	***lemme*** *let me*	***wanna*** *want to*
gotcha *got you*	***needa*** *need to*	***watcha*** *what are you*

Além das contrações na tabela acima, usadas para deixar o discurso mais rápido e encadeado, existe uma que merece atenção especial: ***ain't***. Essa forma que, dependendo do contexto, pode representar ***am not***, ***is not***, ***are not***, ***do not***, ***does not***, ***did not***, ***there is not***, ***have not*** ou ***has not***, é geralmente evitada em decorrência do estigma que recebe por ser associada, principalmente, à fala de pessoas com baixo ou com nenhum nível de escolaridade. Apesar disso, essa contração é muito comum em letras de música e em algumas expressões fixas, como as ilustradas a seguir:

"Cause baby
There ain't no mountain high enough
Ain't no valley low enough
Ain't no river wide enough
To keep me from getting to you, baby"
Trecho da canção Ain't No Mountain High Enough,
de Marvin Gaye e Tammi Terrell

Porque baby
Não há montanha alta o suficiente
Não há vale profundo o suficiente
Não há rio largo o suficiente
Para me impedir de te alcançar, baby

You ain't seen nothing yet.

Você não viu nada ainda.

That just ain't so.

Isto não é bem assim.

It ain't funny.

Não tem graça nenhuma.

APLICAÇÃO

*"History **Will Not** Judge Us Kindly."'*

– THE ATLANTIC

"A história **não** nos julgará gentilmente."

*Influencer Emily Skye Emphasizes "Babies **Do Not** Ruin Your Body" in Postpartum Photos.*

– PEOPLE

Influenciadora Emily Skye enfatiza: "Bebês **não** arruínam seu corpo", em fotos pós-parto.

*Max Verstappen **has never** looked more like a champion.*

– ESPN

Max Verstappen **nunca** pareceu mais como um campeão.

*NBA fraud case **should not** limit healthcare.*

– DAILY TITAN

Caso de fraude da NBA **não deve** limitar os cuidados com a saúde.

34

EVER OU **NEVER**?

Apesar de ***ever*** apresentar usos e sentidos diferentes conforme o contexto (veja, por exemplo, a dúvida **6**), neste tópico iremos nos concentrar em distingui-lo de ***never***, o que você compreenderá ao longo da explicação.

Lembre-se de que ***never*** é um advérbio de negação cujo significado é "nunca". Sua presença em uma frase torna-a, assim, negativa:

My dad reads the newspaper every day.
Meu pai lê o jornal todo dia.
My dad ***never*** *reads the newspaper.*
Meu pai **nunca** lê o jornal.

O advérbio ***ever*** aparece em frases que já trazem uma palavra que é negativa por natureza (como *no one*, *nobody*, *nothing*, *nowhere*, *hardly*, *without*, entre outras, incluindo *never*) e, nesses contextos, é traduzido como "nunca". Isso ocorre porque duas palavras negativas em sua essência não podem figurar em uma mesma frase em língua inglesa, embora isso seja comum em português (para entender melhor esse assunto, consulte a dúvida **57**).

She hardly ***ever*** *drives her car.*
She almost ***never*** *drives her car.*
Ela quase **nunca** dirige o carro dela.

Perceba que ***never*** aparece no segundo exemplo, já que ***almost*** (= quase) não é uma palavra negativa.

Nothing is ***ever*** *ready on time.*

Nada **nunca** está pronto a tempo.

No one ***ever*** *told me the truth about their split.*

Ninguém **nunca** me disse a verdade a respeito da separação deles.

Nobody would ***ever*** *do that.*

Ninguém **nunca** faria aquilo.

She fell in love with that guy without ***ever*** *having seen him in person.*

Ela se apaixonou por aquele cara sem **nunca** tê-lo visto pessoalmente.

Para reforçar a ideia de "nunca", ***never*** pode vir seguido de ***ever***, o que traz mais ênfase à informação:

Never*,* ***ever****,* ***ever****, repeat that again!*

Nunca, **jamais**, **de jeito nenhum**, repita isso de novo!

I ***never****,* ***ever****, shared my personal life with anyone.*

Eu **nunca**, **jamais**, compartilhei a minha vida pessoal com ninguém.

A construção ***not ever*** pode ser usada no lugar de ***never***, embora isso seja pouco comum:

I've ***never*** *thought about it.*

*I have****n't ever*** *thought about it.*

Eu **nunca** pensei sobre isso.

A construção ***not ever*** não é empregada em início de frase:

Never *give up.*
*Do**n't ever** give up.*
Nunca desista.

APLICAÇÃO

*"**Never** Seen Anything Like It": Drivers Stranded Overnight on I-95 in Virginia After Snowstorm.*

– NBC WASHINGTON

"**Nunca** vi nada parecido": motoristas encalhados durante a noite na I-95, na Virgínia, após tempestade de neve.

*"I've **never** been a big New Year's resolution person. I don't have any specific goal in mind for 2022", the 66-year-old billionaire Microsoft co-founder wrote in his annual end-of-year blog post last month.*

– CNBC

"Eu **nunca** fui uma pessoa de promessas de ano novo. Eu não tenho nenhum objetivo específico em mente para 2022", o bilionário cofundador da Microsoft escreveu em seu anual post de fim de ano no mês passado.

*Not this year, and maybe not **ever**.*

– NBA.COM

Não este ano, e talvez **nunca**.

*Vicky Phelan may be tired at times, but she is **never**, **ever** weak.*

– INDEPENDENT.IE

Vicky Phelan pode estar cansada às vezes, mas ela **nunca**, **nunca** é fraca.

35

EVERY OU **EACH**?

Every e ***each*** são empregados com substantivos no singular, e o verbo que os segue também fica no singular. Porém, eles não são empregados nos mesmos contextos:

Emprega-se ***each*** para enfatizar pessoas e coisas de maneira individual. É normalmente traduzido como "cada".

> ***Each*** *job plays a very significant role in society.*
> **Cada** cargo desempenha um papel muito significativo na sociedade.
> ***Each*** *car is double-checked with care.*
> **Cada** carro é verificado duas vezes com cuidado.

Emprega-se ***every*** para enfatizar os indivíduos de maneira coletiva. É normalmente traduzido como "todo(a)".

> ***Every*** *job is important.*
> **Todo** emprego é importante.
> ***Every*** *car should run on electricity.*
> **Todo** carro deveria ser movido a eletricidade.

APLICAÇÃO

Each *state's favorite Halloween candy, according to online shopping data.*

– YOUR BASIN

Os doces de Halloween favoritos de **cada** estado, de acordo com dados de compras on-line.

Mac Jones has gotten better ***each*** *week.*

– NBC SPORTS

Mac Jones tem melhorado a **cada** semana.

Every *Monday, Dr. Kevin Fitzgerald, our favorite veterinarian, shares his tips and advice on how to take better care of our pets.*

– FOX 31

Toda segunda-feira, Dr. Kevin Fitzgerald, nosso veterinário favorito, compartilha suas dicas e conselhos sobre como cuidar melhor de nossos animais de estimação.

Why is ***every*** *young person in America watching "The Sopranos"?*

– THE NEW YORK TIMES

Por que **todo** jovem na América está assistindo "Os Sopranos"?

36

EXISTE ALGUMA REGRA PARA MEMORIZAR VERBOS IRREGULARES?

Não existe uma regra que ajude a memorizar todos os verbos irregulares do inglês, até porque são muitos (cerca de 250) e, como o nome já diz, eles são **irregulares**, têm sua própria conjugação, e só aprendemos a maioria deles memorizando-os, um por um.

Contudo, alguns verbos irregulares se conjugam de forma semelhante, podendo ser divididos em grupos para auxiliar no estudo, como você pode ver nas tabelas que seguem:

Semelhança: terminação -*ught* para o passado e o particípio passado			
Infinitivo/ forma base	**Passado**	**Particípio passado**	**Significado**
bring	*brought*	*brought*	*trazer*
buy	*bought*	*bought*	*comprar*
catch	*caught*	*caught*	*apanhar, agarrar*
fight	*fought*	*fought*	*lutar*
seek	*sought*	*sought*	*buscar, procurar*
teach	*taught*	*taught*	*ensinar*
think	*thought*	*thought*	*pensar*

Semelhança: terminação -*ound* para o passado e o particípio passado			
Infinitivo/ forma base	**Passado**	**Particípio passado**	**Significado**
bind	*bound*	*bound*	*atar, encadernar*
find	*found*	*found*	*encontrar*
grind	*ground*	*ground*	*moer, triturar*
wind	*wound*	*wound*	*enrolar, dar corda*

Semelhança: terminação -*ed* para o passado e o particípio passado			
Infinitivo/ forma base	**Passado**	**Particípio passado**	**Significado**
bleed	*bled*	*bled*	*sangrar*
feed	*fed*	*fed*	*alimentar*
flee	*fled*	*fled*	*fugir, escapar*
lead	*led*	*led*	*levar, conduzir*
speed	*sped*	*sped*	*acelerar, apressar*

Semelhança: terminação -*ept* para o passado e o particípio passado			
Infinitivo/ forma base	**Passado**	**Particípio passado**	**Significado**
keep	*kept*	*kept*	*manter, conservar*
sleep	*slept*	*slept*	*dormir*
sweep	*swept*	*swept*	*varrer*
weep	*wept*	*wept*	*chorar*

Semelhança: troca do *i* por *a* no passado e por *u* no particípio passado			
Infinitivo/ forma base	**Passado**	**Particípio passado**	**Significado**
begin	*began*	*begun*	*começar*
drink	*drank*	*drunk*	*beber*
shrink	*shrank*	*shrunk*	*encolher*
sing	*sang*	*sung*	*cantar*
sink	*sank*	*sunk*	*afundar*
spring	*sprang*	*sprung*	*saltar*
swim	*swam*	*swum*	*nadar*

Semelhança: troca do *i* ou *a* por *u* para o passado e o particípio passado			
Infinitivo/ forma base	**Passado**	**Particípio passado**	**Significado**
dig	*dug*	*dug*	*cavar, escavar*
hang	*hung*	*hung*	*pendurar*
stick	*stuck*	*stuck*	*fincar, cravar*
sting	*stung*	*stung*	*picar, ferroar*
swing	*swung*	*swung*	*balançar*
wring	*wrung*	*wrung*	*torcer, espremer*

Semelhança: terminação -*ore* para o passado e -*orn* para o particípio passado			
Infinitivo/ forma base	**Passado**	**Particípio passado**	**Significado**
bear	*bore*	*borne/born*	*suportar, carregar*
swear	*swore*	*sworn*	*jurar, praguejar*
tear	*tore*	*torn*	*rasgar*
wear	*wore*	*worn*	*usar, vestir, trajar*

Semelhança: terminação -*ed* para o passado e -*wn* para o particípio passado			
Infinitivo/ forma base	**Passado**	**Particípio passado**	**Significado**
saw	*sawed*	*sawn*	*serrar*
sew	*sewed*	*sewn*	*costurar*
show	*showed*	*shown*	*mostrar, exibir*
sow	*sowed*	*sown*	*semear*

Semelhança: terminação -*ew* para o passado e -*own* para o particípio passado			
Infinitivo/ forma base	**Passado**	**Particípio passado**	**Significado**
fly	*flew*	*flown*	*voar*
grow	*grew*	*grown*	*crescer, cultivar*
know	*knew*	*known*	*saber, conhecer*
throw	*threw*	*thrown*	*lançar, arremessar*

Semelhança: forma base em *-nd* e passado e particípio passado em *-nt*			
Infinitivo/ forma base	**Passado**	**Particípio passado**	**Significado**
lend	*lent*	*lent*	*emprestar*
send	*sent*	*sent*	*mandar, enviar*
spend	*spent*	*spent*	*passar tempo, gastar*

37

FEWER THAN OU LESS THAN?

Fewer ou ***fewer than*** é usado com substantivos contáveis no plural:

*Nowadays people are choosing to have **fewer** children.*

Hoje em dia, as pessoas estão escolhendo ter **menos** filhos.

*In this town, I have **fewer** friends **than** I had where we lived.*

Nessa cidade, eu tenho **menos** amigos **do que** eu tinha onde morávamos.

Less ou ***less than*** é usado com substantivos incontáveis:

*My new job makes me have **less and less** time to do other things.*

Meu novo emprego me faz ter **cada vez menos** tempo para fazer outras coisas.

*Please I'll have **less** ice-cream **than** them.*

Por favor, eu vou querer **menos** sorvete **do que** eles.

Tanto ***fewer*** quanto ***less*** são opostos de ***more***:

***More** research needs to be carried out on this topic.*

Mais pesquisas precisam ser feitas em relação a esse tópico.

*I see that **more** people are interested in reading that book.*

Eu percebi que **mais** pessoas estão interessadas em ler aquele livro.

*You look **more** enthusiastic today. What are you up to?*

Você parece **mais** entusiasmado hoje. O que está tramando?

*Bruno likes to study **more** here **than** there. It's well-lit.*

Bruno gosta de estudar **mais** aqui **do que** lá. É bem iluminado.

Less than, particularmente, é empregado no grau comparativo de inferioridade:

*Diana is **less** good-humored **than** her sister.*

Diana é **menos** bem-humorada **do que** a irmã.

*The price at this store is **less** accessible **than** at the other one.*

O preço nessa loja é **menos** acessível **do que** na outra.

APLICAÇÃO

*With a little over a week to vote, **fewer than** 10 percent of Colorado voters have cast ballots for November's election.*

– COLORADO PUBLIC RADIO

Com pouco mais de uma semana para votar, **menos de** 10% dos eleitores do Colorado votaram para a eleição de novembro.

***Fewer than** 20% women candidates in Japan's lower house election.*

– THE JAPAN NEWS

Menos de 20% de candidatas mulheres na eleição para a Câmara baixa do Japão.

*We found the best flight deals to Hawaii for **less than** $200 round trip.*

– CNN

Encontramos as melhores ofertas de voo para o Havaí por **menos de** $200 ida e volta.

New alarming UN report warns current climate plans will provide ***less than*** *20 percent of what's needed.*

– THE HILL

Novo relatório alarmante da ONU adverte que os planos climáticos atuais fornecerão **menos de** 20% do que é necessário.

38

GERÚNDIO OU **TO-INFINITIVE**?

Um verbo no infinitivo em português (terminado em -**ar**, -**er** ou -**ir**) pode ser a tradução de uma forma verbal inglesa no gerúndio (-*ing*) ou de um infinitivo propriamente dito (*to-infinitive*). Vejamos dois exemplos:

> *I'm tired of* ***waiting****.*
> Estou cansada de **esperar**.
> *I've decided* ***to wait*** *five more minutes.*
> Decidi **esperar** mais cinco minutos.

Tendo isso em vista, saiba que um verbo em inglês pode ser seguido de outro verbo no gerúndio ou no infinitivo e, nos dois casos, a tradução para o português será um verbo terminado em -**ar**, -**er** ou -**ir**. Contudo, há de se prestar bastante atenção ao seguinte:

a. há verbos que são apenas seguidos de gerúndio (-*ing*);

b. há verbos que são apenas seguidos de infinitivo (*to-infinitive*);

c. há verbos que podem ser seguidos tanto de gerúndio quanto de infinitivo, sem diferença de significado;

d. há verbos que podem ser seguidos tanto de gerúndio quanto de infinitivo, com diferença de significado.

Verbos seguidos de gerúndio (-*ing*)

admit admitir	*defer* adiar	*enjoy* curtir	*mention* mencionar	*recall* recordar
adore adorar	*delay* demorar	*fancy* imaginar	*mind* importar-se	*report* reportar
appreciate apreciar	*deny* negar	*finish* finalizar	*miss* sentir falta de	*resent* ressentir
avoid evitar	*detest* detestar	*imagine* imaginar	*object* fazer objeção a	*risk* arriscar
commence começar	*dislike* desgostar	*involve* envolver	*postpone* adiar	*sit* sentar
consider considerar	*dread* *recear*	*lie* mentir	*practice* praticar	*stand* ficar de pé
contemplate cogitar	*endure* suportar	*loathe* repugnar	*prevent* prevenir	*suggest* sugerir

Expressões verbais seguidas de gerúndio (-*ing*)

burst out "explodir" de rir	*feel like* estar a fim de	*keep (on)* continuar	*can't bear* não conseguir suportar
can't help não poder evitar	*give up* desistir	*put off* adiar	*can't stand* não conseguir suportar

Exemplos:

We should ***avoid*** *talking to strangers.*

Devemos **evitar** falar com estranhos.

*I definitely **give up** <u>helping</u> you. You always screw up.*

Definitivamente **desisto de** <u>ajudar</u> você. Você sempre pisa na bola.

*I **appreciate** <u>spending</u> time in good company, eating good food.*

Eu **aprecio** <u>passar</u> o tempo em boa companhia, comendo comida boa.

Verbos seguidos de infinitivo (*to-infinitive*)

afford bancar, custear	*choose* escolher	*hope* esperar	*neglect* negligenciar	*propose* propor
agree concordar	*claim* afirmar	*intend* pretender	*offer* oferecer	*refuse* recusar
aim almejar	*decide* decidir	*learn* aprender	*plan* planejar	*seem* parecer
arrange organizar	*demand* exigir	*long* ansiar	*prepare* preparar	*volunteer* voluntariar-se
ask pedir	*fail* falhar	*manage* tratar	*pretend* fingir	*want* querer
attempt tentar	*help* ajudar	*need* precisar	*promise* prometer	*wish* desejar

Exemplos:

*We **intend** <u>to get married</u> in May.*

Pretendemos nos <u>casar</u> em maio.

*She will **manage** <u>to finish</u> everything in time.*

Ela vai **tratar de** <u>terminar</u> tudo a tempo.

*The defendant **refused** <u>to answer</u> the prosecutor's questions.*

O réu **recusou-se a** <u>responder</u> as perguntas do promotor.

Alguns verbos que podem ser seguidos tanto de gerúndio quanto de infinitivo sem diferença de significado

advise aconselhar	*continue* continuar	*love* amar
allow permitir	*hate* odiar	*prefer* preferir
begin começar	*like* gostar	*start* começar

Exemplos:

*I **started** playing/to play the violin when I was ten.*
Comecei a tocar violino quando tinha dez anos.

*I **love** cooking/to cook.*
Eu **amo** cozinhar.

*I **like** swimming/to swim.*
Eu **gosto de** nadar

*I **hate** cleaning/to clean the house.*
Odeio limpar a casa.

ATENÇÃO Com os verbos ***hate***, ***like***, ***love*** e ***prefer***, pode haver uma diferença sutil de sentido quando o verbo seguinte está no gerúndio ou no infinitivo. Tomando ***like*** empregado com o gerúndio, por exemplo, tem-se a ideia de "gostar" associada à ação verbal. Já o seu uso com o infinitivo liga-se a preferências ou inclinações a alguma coisa. Compare:

*I **like** going to the hairdresser.*
Eu **gosto de** ir ao cabelereiro.

*I **like** to wash my hair with shampoo only.*
Eu **gosto de/prefiro** lavar meu cabelo apenas com xampu.

Vejamos agora quais são os principais verbos que, seguidos de gerúndio ou de infinitivo, apresentam mudanças de significado.

REMEMBER (LEMBRAR)

+ **gerúndio:** remete ao passado, quando (não) nos lembramos de algo que fizemos.

*I still **remember** earning my first salary.*

Eu ainda **me lembro de** ganhar meu primeiro salário.

*She'll always **remember** giving that speech.*

Ela sempre **se lembrará de** ter dado aquele discurso.

+ **infinitivo:** refere-se ao que temos ou tínhamos de fazer ou ao que nos lembramos de fazer em algum momento.

***Remember** to lock the door before you leave.*

Lembre-se de trancar a porta antes de sair.

*I **remembered** to buy them a gift, but I simply forgot it.*

Eu **me lembrei de** comprar um presente para eles, mas simplesmente esqueci.

FORGET (ESQUECER)

+ **gerúndio:** remete ao passado, quando (não) nos esquecemos de algo que fizemos.

*I'll never **forget** meeting my idol in person.*

Nunca vou **me esquecer de** ter conhecido meu ídolo pessoalmente.

*I make a point of **forgetting** having met you.*

Eu faço questão de **esquecer** de ter te conhecido.

+ **infinitivo:** refere-se ao que temos ou tínhamos de fazer ou ao que nos esquecemos de fazer em algum momento.

*Don't **forget** to lock the door before you leave.*
Não **se esqueça de** trancar a porta antes de sair.

*I **forgot** to buy them a gift.*
Eu **me esqueci de** comprar um presente para eles.

STOP (PARAR)

\+ **gerúndio:** indica a interrupção da ação por completo.

*I **stopped** smoking for my health.*
Eu **parei** de fumar em prol da minha saúde.

\+ **infinitivo:** indica a interrupção da ação por um momento para a realização de outra.

*I **stopped** to smoke and then took a bus.*
Parei para fumar e depois peguei um ônibus.

REGRET (EM GERAL, "ARREPENDER-SE")

\+ **gerúndio:** indica arrependimento por alguma coisa que aconteceu.

*Mark **regrets** breaking up with June.*
Mark **se arrepende** de ter terminado com a June.

\+ **infinitivo:** emprega-se para anunciar más notícias.

*We **regret** to say that the tickets are sold out.*
Lamentamos dizer que os ingressos se esgotaram.

TRY (TENTAR)

\+ **gerúndio:** indica uma ação experimental para ver o que vai acontecer, sem um resultado previsto.

*I **tried** removing the stain with Coke, but it didn't work.*
Tentei remover a mancha com coca-cola, mas não funcionou.

\+ **infinitivo:** indica um esforço empregado para a realização da ação.

***Try** to sleep a little bit. You look tired.*
Tente dormir um pouco. Você parece cansado.

*I **tried** to eat the soup, but it was too hot.*
Tentei tomar a sopa, mas estava quente demais.

APLICAÇÃO

*Fans **deny** being offered on-site medical evaluation by Washington Football Team after railing collapse at FedEx Field.*

– ESPN

Torcedores **negam** ter sido oferecida avaliação médica no local pelo Washington Football Team após rompimento das grades no FedEx Field.

*"I'll **keep** fighting, I'll **keep** making finals – you can't lose in a final if you are not in a final. I'll always be there battling."*

– THE SUN

"Vou **continuar** lutando, vou **continuar** fazendo finais – você não pode perder em uma final se você não estiver em uma final. Eu sempre estarei lá lutando."

*Why do people **choose** to build their own bikes?*

– CYCLING NEWS

Por que as pessoas **escolhem** construir suas próprias bicicletas?

*Coventry Bin strikes begin again after councillors **refuse** to raise pay.*

– MORNING STAR

Greves de Coventry Bin começam novamente após conselheiros se **recusarem** a aumentar o salário.

***Stop** to help people injured in wrecks.*

– LONGVIEW NEWS-JOURNAL

Pare para ajudar pessoas feridas em batidas.

*Today marks the end of an era; the company's software will **stop** working entirely.*

– BBC

Hoje marca o fim de uma era; o software da empresa vai **parar** de funcionar inteiramente.

39

GET IN A BUS OU GET ON A BUS?

Para esclarecermos se a forma correta de dizer "entrar em um ônibus" em inglês é ***get in a bus*** ou ***get on a bus***, vamos recorrer rapidamente a um pouco da história da língua inglesa para te ajudar a entender o uso das preposições ***in*** e ***on*** com meios de transporte.

Antigamente, lá pelo século XVIII, só havia meio de transporte particular e, assim, quem viajava em uma carruagem, por exemplo, viajava ***in** a carriage*. A preposição usada, então, era ***in***. Contudo, com o advento da Revolução Industrial, houve a necessidade da migração dos trabalhadores do campo para a cidade e, como a distância havia aumentado consideravelmente de um lugar para o outro, foi necessária a criação de transportes coletivos para levar grandes quantidades de trabalhadores de casa para o trabalho, e vice-versa. Os trabalhadores, então, eram transportados em uma espécie de estrado montado sobre quatro rodas e, como consequência, ficavam em cima (***on***) desse transporte.

Percebeu? É por isso que hoje existem duas preposições usadas com meios de transporte em inglês. Você viaja ***on** a plane*, ***on** a bus*, ***on** a train*, pois são transportes coletivos, porém, usa-se ***in** a car*, ***in** a truck*, ***in** a taxi* ou em qualquer outro veículo que seja de uso particular.

Com isso, já é possível compreender que "entrar em um ônibus" em inglês é ***get on a bus***. Veja outros exemplos de emprego das preposições ***on*** e ***in*** no contexto tratado aqui neste tópico:

*I'm **on the** train. Could you please wait for me at the station?*
Estou **no** trem. Você poderia me esperar na estação?

*She's **in the** car on her way here.*
Ela está **no** carro vindo para cá.

ATENÇÃO Se a ênfase estiver no fato de a pessoa estar **dentro** do meio de transporte, não necessariamente fazendo uso dele para se locomover, usa-se a preposição ***in***, tanto com transportes particulares quanto com coletivos. Veja o exemplo abaixo:

*Since we won't have time to stop at a restaurant, we have brought food to eat **in** the car/bus.*
Já que não teremos tempo de parar em um restaurante, trouxemos comida para comer **dentro** do carro/ônibus.

Agora, já sabendo que "entrar em um ônibus" é ***get on a bus*** e que "entrar em um carro" é ***get in a car***, pois "ônibus" e "carro" representam os grupos dos transportes coletivos e privados, respectivamente, para se dizer o oposto, ou seja, "descer" do meio de transporte, é simples. O contrário de ***on*** é ***off*** e de ***in*** é ***out of.*** Basta fazer a mudança:

Get on *a bus/plane/train/subway etc.*
Entrar em um ônibus/avião/trem/metrô etc.
Get off *a bus/plane/train/subway etc.*
Sair/descer de um ônibus/avião/trem/metrô etc.

Get in *a car/taxi/truck etc.*
Entrar em um carro/táxi/caminhão etc.
Get out of *a car/taxi/truck etc.*
Sair/descer de um carro/táxi/caminhão etc.

APLICAÇÃO

"There was nothing visibly wrong with it when we ***got in the car****."*

– FOX

"Não tinha nada visivelmente errado quando **entramos no carro**."

Booker ***got on the train*** *in Atlanta. She was there visiting a friend for the New Year and is now on her way back home to Milwaukee.*

– TMJ

Booker **entrou no trem** em Atlanta. Ela estava lá visitando um amigo no Ano Novo e agora está voltando para casa em Milwaukee.

"He remembers a young girl specifically as she said to him 'I have given you all my luck' as she ***got out of the car****."*

– THE INDEPENDENT

"Ele se lembra de uma jovem especificamente quando ela disse a ele 'Eu lhe dei toda a minha sorte' quando **saiu do carro**."

Homa ***got off the plane*** *in Arizona with a plan.*

– ESPN

Homa **saiu do avião** em Arizona com um plano.

40

GO BACK OU **COME BACK**?

Apesar de essas duas construções parecerem confusas à primeira vista, a diferença entre elas é simples. Quanto à tradução, basicamente ***go back*** significa "voltar" e ***come back*** significa "retornar". Quanto ao contexto de uso, imagine os cenários a seguir:

Cenário 1: Suponhamos que você esteja passeando em uma cidade distante daquela em que estamos. Vimos na previsão do tempo que um tornado vai passar pela cidade onde você está. Preocupadas, ligamos para você e dizemos:

Go back *to where you are staying, because forecast says a tornado is on the way!*
Volte para onde você está hospedado, porque a previsão apontou que um tornado está a caminho!

Agora, compare esse cenário com o seguinte:

Cenário 2: Suponhamos que você tenha saído para uma festa em um local aberto e notamos que deixou o guarda-chuva em casa, em cima do sofá. Além disso, vimos na previsão do tempo que vai chover muito. Preocupadas, ligamos para você e dizemos:

Come back *to get your umbrella, because it's gonna rain a lot later.*
Volte/retorne para pegar seu guarda-chuva, porque vai chover muito mais tarde.

Ao comparar os dois cenários acima, você deve ter percebido que a diferença de uso entre ***go back*** e ***come back*** vai depender de onde o narrador estiver falando: com ***go back***, ele pede para você voltar para o lugar de onde veio (onde ele, o narrador, não está.); por outro lado, com ***come back***, o narrador pede para você voltar para o lugar onde ele, o narrador, está. É isso. Para saber mais sobre as diferenças de uso entre ***go*** e ***come***, consulte a dúvida **45**.

APLICAÇÃO

*Michael Strahan can't wait to **go back** to space.*

– SPACE.COM

Michael Strahan mal pode esperar para **voltar** ao espaço.

*"Today I **go back** to my family, proud and victorious."*

– NEWSLAUNDRY

"Hoje **volto** para minha família, orgulhoso e vitorioso."

*"Sometimes our team will say please just make a decision, pick something, make us **come back** to the office or make us be remote".*

– THE NEW YORK TIMES

"Às vezes, nossa equipe dirá, por favor, apenas tome uma decisão, escolha algo, nos faça **retornar** ao escritório ou nos permita ficar remoto".

*"I want to **come back**", Giovinco said.*

– THE STAR

"Eu quero **retornar**", disse Giovinco.

41

GO TO HOSPITAL OU **GO TO THE HOSPITAL**?

Imaginemos o seguinte cenário:

Paulo teve um acidente e foi levado ao hospital.
Ele teve que ficar no hospital por quase um mês.
Camila foi ao hospital visitar o Paulo.
Paulo ficou muito feliz ao ver Camila no hospital.

Agora vejamos o mesmo cenário, só que agora em inglês. Atente-se à presença ou ausência do artigo ***the*** antes do substantivo ***hospital***:

Paul had an accident and he was taken to hospital.
He had to stay in hospital for almost a month.
Camila went to **the** *hospital to visit Paul.*
Paul got very happy to see Camila at **the** *hospital.*

Nas duas primeiras frases da narrativa em inglês, Paulo estava no hospital na condição de paciente, ou seja, ele buscou o hospital pois esse local existe para dar atendimento visando à melhoria da saúde das pessoas. Em contraste, nas duas últimas frases, o hospital passa a ser visto como um local de visitas, para onde Camila foi com o objetivo de visitar o Paulo, isto é, Camila não foi ao hospital para receber algum tratamento de saúde.

Nesse sentido, não apenas ***hospital***, mas também lugares como ***prison***, ***school***, ***university***, ***college*** e ***church*** são desacompanhados de artigo definido quando a intenção é mostrar que as pessoas estão nesses locais na condição de detentos, estudantes e fiéis, respectivamente. Com essa interpretação, esses locais são empregados com sentido genérico, o que também explica a ausência do artigo ***the***.

Mom went ***to church*** *with grandma.* ***(as religious people)***

Minha mãe foi à igreja com minha avó. (como pessoas religiosas)

The thief was arrested and taken ***to prison***. ***(as a criminal)***

O ladrão foi preso e levado para a prisão. (como um criminoso)

After high school, I want to go ***to college***. ***(as a student)***

Depois do ensino médio, quero ir para a faculdade. (como um estudante)

The girls are ***at school*** *now.* ***(as students)***

As meninas estão na escola agora. (como alunas)

Compare os exemplos anteriores com os seguintes:

The workmen went ***to the church*** *to repair the door.*

Os trabalhadores foram à igreja para consertar a porta.

Mary went ***to the prison*** *to visit her relative.*

Mary foi à prisão visitar um parente.

Excuse me, where is ***the university****?*

Com licença, onde fica a universidade?

I have to go ***to the school*** *to pick up my son.*

Eu tenho que ir à escola para pegar meu filho.

Nos exemplos acima, ***church***, ***prison***, ***university*** e ***school*** são mencionados como locais onde as pessoas atendem a propósitos diferentes de rezar, cumprir pena ou estudar. Por isso, ocorre a presença de ***the*** e, com essa interpretação, esses lugares são especificados, o que também explica o porquê do artigo definido.

APLICAÇÃO

*"It allows you to have access to clinicians, for example, who have retired but still want to be part of the workforce, yet can't **go to hospital** every day."*

– THE GUARDIAN

"Permite ter acesso a médicos, por exemplo, que se aposentaram, mas ainda querem fazer parte da força de trabalho, mas não podem **ir ao hospital** todos os dias."

*Scarborough/Gorhman residents **go to college**, receive accolades.*

– FOX NEWS

Moradores de Scarborough/Gorhman **vão para a faculdade** receber elogios.

*Last Saturday, Radford decided not to **go to the church** to clean.*

– KTVZ

Sábado passado, Radford decidiu não **ir para a igreja** para limpar.

42

GOOD IN OU GOOD AT?

Como dizer "sou **bom em** alguma coisa", relacionando a uma habilidade que alguém possui? Nesse caso, emprega-se *I am **good at**.*

*I am **good at** solving difficult problems.*

Sou **bom em** resolver problemas difíceis.

*My mom is **good at** memorizing faces, even if she sees a person only once.*

Minha mãe é **boa em** memorizar rostos, mesmo se ela vir uma pessoa apenas uma vez.

*I will indicate my friend to fix your chair, because I'm not **good at it**.*

Eu te indicarei um amigo para consertar sua cadeira, pois não sou **bom nisso**.

*Samantha is really **good at** Math.*
Samatha é realmente **boa em** matemática.

Muito cuidado principalmente quando a habilidade se voltar a um idioma, pois, nesse caso, pode-se usar ***good at*** ou ***good in***, porém isso implicará duas interpretações distintas para as frases. Veja:

*Gabriel is **good at** English.*
Gabriel é **bom em** inglês.

Uma vez que ***good at*** se relaciona a uma habilidade, interpreta-se que Gabriel fala bem o idioma, mostra proficiência nele.

*Gabriel is **good in** English.*
Gabriel é **bom em** inglês.

Com o uso de ***good in***, o inglês não é mais visto como um idioma a ser falado, e, sim, como uma disciplina escolar. Nesse sentido, interpreta-se que Gabriel é bom aluno nessa matéria.

Para reforçar o sentido de ***good in***, trazemos mais algumas frases:

*He is a very **good** student **in** history. He always gets high grades.*
Ele é um aluno muito **bom em** história. Ele sempre tira notas altas.
*Psychology is not a subject I am **good in**.*
Psicologia não é um assunto **em** que eu sou **bom**.
*He should be **good in** physics, because he is **good in** math.*
Ele deveria ser **bom em** física, porque ele é **bom em** matemática.

Os opostos de ***good at*** e ***good in*** são ***bad/poor at*** e ***bad/poor in***, respectivamente.

Good with (bom com) é uma outra possibilidade, porém essa construção é acompanhada de substantivo, podendo ser incontável ou contável no plural. ***Good with*** é empregado para mostrar a forma como alguém faz alguma coisa, trazendo sempre uma conotação positiva. Seus opostos são ***bad with*** ou ***poor with***. Veja:

*Helen is **good with** money.*
Helen é **boa com** dinheiro.
Entenda-se: Helen sabe lidar com o dinheiro de forma responsável.

*I'm **good with** animals.*
Sou **boa com** animais.
Entenda-se: gosto de lidar com animais e me sinto bem perto deles.

*My brother is **good with** his hands.*
Meu irmão é **bom com** as mãos.
Entenda-se: ele é habilidoso com as mãos.

*They are very **good with** children.*
Eles são muito **bons com** crianças.
Entenda-se: eles têm talento para lidar com crianças e sabem se comunicar bem com elas.

*He is **good with** people.*
Ele é **bom com** pessoas.
Entenda-se: ele sabe se comunicar bem com o público.

APLICAÇÃO

*A new approach to identify mammals **good at** learning sounds.*

– SCIENCE DAILY

Uma nova abordagem para identificar mamíferos **bons em** aprender sons.

*"It's not necessarily very difficult as far as scheme goes, but you just have to be really **good at** what you do."*

– FOUR STATES HOME PAGE

"Não é necessariamente muito difícil no que diz respeito ao esquema, mas você tem que ser realmente **bom no** que faz."

*"Being **good in** school subjects is important but finding your true passion positively affects [performance] in school overall."*

– THE GUARDIAN

"Ser **bom nas** matérias escolares é importante, mas encontrar sua verdadeira paixão afeta positivamente [o desempenho] na escola de maneira geral."

*Playful pup that's **good with** children looking for a forever family.*

– WPDE – ABC NEWS

Cachorrinho brincalhão **bom com** crianças à procura de um lar permanente.

*"Mercedes is never as **good with** full tanks."*

– GP BLOG

"A Mercedes nunca é tão **boa com** tanques cheios."

43

HARD OU **HARDLY**?

Cuidado com a palavra ***hard***, pois ela é usada tanto como adjetivo quanto como advérbio. O contexto é que vai dizer:

Hard como adjetivo, modificando um substantivo (podendo estar antes dele ou após um verbo de ligação, comumente o verbo ***to be***):

*It's **hard** to trust people nowadays.*

É **difícil** confiar nas pessoas hoje em dia.

*Monopoly is not a **hard** game. It's very user-friendly.*

Banco Imobiliário não é um jogo **complicado**. É bem intuitivo.

*I've never eaten an apple that is so **hard** to bite.*

Nunca comi uma maçã que é tão **dura** para morder.

*A stone is **harder** than a piece of wood.*

Uma pedra é **mais dura** do que um pedaço de madeira.

***Hard** como advérbio de modo, modificando um verbo:*

*I've worked **hard** to buy my car.*

Trabalhei **muito** para comprar meu carro.

*I studied **hard** for my exams but didn't do very well.*

Estudei **muito** para as minhas provas, mas não fui muito bem.

Além de ***hard***, as palavras ***early***, ***late***, ***fast*** e ***friendly*** também funcionam como adjetivo ou como advérbio, sem qualquer alteração de grafia.

Não confunda ***hard***, que pode funcionar como advérbio de modo, como visto nas duas últimas frases acima, com o advérbio de tempo ***hardly***, que significa "mal" ou "quase não", trazendo uma conotação negativa para a frase:

*I arrived from work and **hardly** had time to eat anything.*

Eu cheguei do trabalho e **quase não** tive tempo de comer alguma coisa.

***Hardly** had I sat to watch TV than someone knocked on the door.*

Eu **mal** tinha sentado para assistir TV quando alguém bateu à porta.

Agora é possível compreender a ideia negativa por trás do advérbio de frequência ***hardly ever***, que significa "quase nunca".

APLICAÇÃO

*Illinois paid $694 million to keep nuclear plants open, showing why greening the grid is so **hard**.*

– CNBC

Illinois pagou US$ 694 milhões para manter as usinas nucleares abertas, mostrando por que a sustentabilidade da rede é tão **difícil**.

*"It's **hard** to process with all the crime that's going on. It's sad, I never thought that it would touch my family, especially not my mother", said Finch.*

– FOX BALTIMORE

"É **difícil** processar todo o crime que está acontecendo. É triste, nunca pensei que tocaria minha família, especialmente minha mãe", disse Finch.

*Japan's communists are **hardly** radical, but make a handy election target.*

– THE NEW YORK TIMES

Os comunistas do Japão **quase não** são radicais, mas são um alvo eleitoral útil.

*The Queen's private grandson that you **hardly ever** hear about.*

– MY LONDON

O neto oculto da Rainha que você **quase nunca** ouve falar.

44

HEAR OU LISTEN?

A diferença é simples. ***Hear*** significa "ouvir":

> *Can you **hear** me?*
>
> Você consegue me **ouvir**?

*Have you **heard** of the term "shopaholic"?*
Você já **ouviu** falar do termo "shopaholic"?

Listen significa "escutar". Quando seguido daquilo que se escuta, esse verbo é sempre acompanhado da preposição ***to***:

*Guys, **listen**! Somebody is coming up the stairs.*
Gente, **escutem**! Alguém está subindo as escadas.
*I love **listening to** classical music when I am studying.*
Eu amo **escutar** música clássica quando estou estudando.

Além dessa diferença, é também importante considerar o seguinte: o uso de ***listen (to)*** implica que houve uma intenção não só de escutar, mas também de prestar atenção a algo, sentido que não é compartilhado com ***hear***, que não dá a entender que o ato de ouvir foi intencional. Perceba essa distinção semântica por meio da frase abaixo:

*All of us were **listening to** her speech in the auditorium when we **heard** laughter coming from downstairs.*
Todos nós estávamos **escutando** o discurso dela no auditório quando **ouvimos** uma risada vinda do andar de baixo.

APLICAÇÃO

*The discovery, he says, presents a big leap in our understanding of both how organisms can **hear** and how hearing may have evolved.*
– NATIONAL GEOGRAPHIC
A descoberta, diz ele, representa um grande salto em nossa compreensão de como os organismos podem **ouvir** e como a audição pode ter evoluído.

*Facebook is researching AI systems that see, **hear**, and remember everything you do.*

– THE VERGE

O Facebook está pesquisando sistemas de IA Inteligência Artificial que veem, **ouvem** e lembram de tudo o que você faz.

*For him to know that someone was going to **listen to** him, he was willing to comply with the order to lock down.*

– THE DENVER POST

Para ele saber que alguém iria **escutá-lo**, ele estava disposto a cumprir a ordem de isolamento.

*Just **listen** before you judge.*

– THE RIVERDALE PRESS

Apenas **escute** antes de julgar.

45

I'M GOING WITH YOU OU I'M COMING WITH YOU?

Se uma pessoa pede que você vá até ela, e você responde "Estou indo!", para dizer isso em inglês a forma correta é ***I'm coming***, não ***I'm going***. Isso ocorre porque, em inglês, se a referência do seu movimento, ou deslocamento, é o seu interlocutor, significando, então, que você vai em direção a ele, o verbo correto é ***come***, mesmo que ele seja traduzido como "ir". Essa é uma característica cultural do próprio idioma.

*Stella, tell the guests that I'm stuck in a traffic jam, but **I am coming**.*
Stella, diga aos convidados que eu estou presa em um engarrafamento, mas **estou indo**.

***I'm coming** with Kris to your house. Is that ok with you?*
Estou indo com a Kris para a sua casa. Tudo bem para você?

Por outro lado, quando estamos falando sobre um movimento em cujo destino você ou seu interlocutor não se encontram, emprega-se o verbo ***go***, não ***come***. Porém, perceba a sutil diferença de sentido entre os dois primeiros exemplos a seguir:

*Are you driving downtown? Wait a minute, **I'm going with you**.*
Você vai ao centro de carro? Espera um minuto, **eu vou com você**.
Interpretação: enfatiza-se a jornada, não o destino final.
*Are you driving downtown? Wait a minute, **I'm coming with you**.*
Você vai ao centro de carro? Espera um minuto, **eu vou com você**.
Interpretação: enfatiza-se o destino final, não a jornada.

Apesar dessa diferença semântica sutil, ***I'm going with you*** e ***I'm coming with you*** (podendo, claro, o *subject pronoun* e o *object pronoun* serem diferentes) são usados de forma intercambiável.

*Sandra is packing to **go** to Finland.*
Sandra está fazendo as malas para **ir** para a Finlândia.

Quando você convida alguém para ir a algum lugar, usa-se o verbo ***come***.

*Will you **come** with me to the hospital?*
Você **vem** comigo ao hospital?
***Come** and meet Rodrigo.*
Venha e conheça o Rodrigo.

Em algumas situações, é possível usar ***go*** e ***come*** para indicar indiretamente se você estará em determinado lugar. Se você pergunta, por exemplo, ***Are you going to Alicia's party?***, você não deixa claro se também irá à festa ou não; por outro lado, em ***Are you coming to Alicia's party?***, você deixa seu interlocutor saber que estará lá com certeza.

Em geral, usa-se ***come*** com o advérbio ***here***. E ***go*** com o advérbio ***there***. Porém, perceba a diferença de sentido entre os dois primeiros exemplos a seguir:

Here I come!
Aqui vou eu!
Entenda-se: Estou indo até o local onde meu interlocutor se encontra.

Here I go!
Aqui vou eu!
Entenda-se: Estou indo a outro local, distanciando-me do meu interlocutor.

There *you* ***go***.
Aqui está.

Elisabeth, ***come*** *over* ***here****, please.*
Elisabeth, **venha aqui**, por favor.

I still ***go there*** *often.*
Eu ainda **vou lá** com frequência.

Perceba, então que, além das traduções comuns "ir" e "vir" associadas a ***go*** e ***come***, respectivamente, é necessário atenção quanto à característica da língua inglesa de usar ***go*** para movimento longe de você ou do seu interlocutor e ***come*** para movimento em direção a você ou ao seu interlocutor. Comece a prestar atenção nesse uso diferenciado, principalmente de ***come***, enquanto lê ou assiste a um filme ou série, além de fazer exercícios para, aos poucos, consolidar o aprendizado.

Para saber mais sobre o uso de ***go*** e ***come***, consulte a dúvida **40**.

APLICAÇÃO

*The 10 best places to **go** with kids in 2022.*

– USA TODAY

Os 10 melhores lugares para **ir** com as crianças em 2022.

*Hyundai wants to bring Mars to the metaverse so you don't have to **go there**.*

– BUSINESS INSIDER

Hyundai quer trazer Marte para o metaverso para você não precisar **ir lá.**

*Trump-era policies keeping "green card lottery" selectees from **coming** to U.S.*

– THE COLUMBUS DISPTACH

Políticas da era Trump impedem que os selecionados da "loteria do green card" **venham** para os EUA.

***Come here** for a bit of everything, because that's what you get.*

– THE GUARDIAN

Venha aqui para um pouco de tudo, porque é isso que você ganha.

46

IF I WAS OU **IF I WERE**?

Quando expressamos uma hipótese ou falamos de uma situação imaginária por meio de uma condição e empregamos o verbo *to be*, este SEM-

PRE assumirá a forma ***were***, não importando se a pessoa gramatical for ***I***, ***he***, ***she*** ou ***it***. Veja:

*If **it weren't** late, we would watch a movie.*
Se não **estivesse** tarde, nós assistiríamos a um filme.

*If **I were** you, I would apologize.*
Se eu **fosse** você, eu me desculparia.

*If **this car were** not so pricey, I would buy it.*
Se esse carro não **fosse** tão caro, eu o compraria.

*We would help Marcela if **she were** not so selfish.*
Nós ajudaríamos a Marcela se ela não **fosse** tão egoísta.

*If **you were** here, things would be better.*
Se você **estivesse** aqui, as coisas seriam melhores.

Isso ocorre no inglês formal. Na linguagem coloquial e na escrita informal, não há problema nenhum em se usar *If **I was** you, I would act in a different way* (em vez de *If **I were**...*) etc. A escolha vai depender do grau de formalidade da situação.

APLICAÇÃO

***If I Were** Behind on Retirement Savings, This Would Be My Game Plan.*
– THE MOTLEY FOOL

Se eu estivesse atrasado na poupança da aposentadoria, este seria o meu planejamento de jogo.

*"I'd stay around **if I were** you", she told the crowd.*
– NORTH JERSEY MEDIA GROUP

"Eu ficaria por perto **se fosse** vocês", disse ela à multidão.

***If I were** married for as long as I have been trying to whittle down that pile, I would be approaching my 42nd wedding anniversary.*
– THE GLOBE AND MAIL

Se eu fosse casado por tanto tempo quanto eu tenho tentado reduzir essa pilha, eu estaria me aproximando do meu 42º aniversário de casamento.

*'**If I were** you, I'd go to Real Madrid'.*

– SPORTS MAX

Se eu fosse você, eu iria para o Real Madrid.

47

IF OU WHETHER?

If e ***whether*** significam "se" e são intercambiáveis em pouquíssimas situações, como a expressa pelas frases a seguir:

*I'm not sure **if** Michael would arrive on Monday.*
*I'm not sure **whether** Michael would arrive on Monday.*
Não tenho certeza **se** Michael chegaria na segunda-feira.

Nessas duas frases, a ideia transmitida é a de que Michael pode chegar ou não na segunda-feira. Porém, apesar da mesma tradução compartilhada por ambas as palavras, os seus empregos divergem na maioria dos casos. Vejamos.

If é sempre empregado em orações condicionais (*if-clauses*):

***If** I am cold, I wear a sweater.*
Se eu estou com frio, eu visto um suéter.

***If** the weather changes, I'll wash my car.*
Se o tempo mudar, vou lavar meu carro.

I would live in the south ***if*** *I found a cheap house.*
Eu moraria no sul **se** eu encontrasse uma casa barata.

If *she hadn't screwed up, her friends would have backed her up.*
Se ela não tivesse pisado na bola, os amigos dela a teriam ajudado.

Whether, por outro lado, aparece nos seguintes contextos:

a. Quando estamos falando de opções (***whether...or***):

My husband asked me ***whether*** *I'd like to order Japanese* ***or*** *Arabic food.*
Meu marido me perguntou **se** eu gostaria de pedir comida japonesa **ou** árabe.

I don't know ***whether*** *I should take some medicine now* ***or*** *wait a little bit.*
Não sei **se** eu devo tomar algum remédio agora **ou** espero um pouco mais.

b. Para dizer "se... ou não" (***whether... or not***):

She was in doubt about ***whether or not*** *she should have her hair cut.*
Ela estava em dúvida sobre **se** ela deveria **ou não** cortar o cabelo.

I don't know ***whether*** *I should take some medicine now* ***or not****.*
Não sei **se** eu devo tomar algum remédio agora **ou não**.

c. Após alguns verbos, como *decide*, *wonder*, *discuss*, *ask*, *know*, *see* e *remember*:

I don't remember ***whether*** *I left my watch on the dining table or on the coffee table.*
Não lembro **se** eu deixei meu relógio na mesa de jantar ou na mesa de centro.

*We were discussing **whether** it was worth counting on him for the project.*

Nós estávamos discutindo **se** valia a pena contar com ele para o projeto.

d. Após preposições:

*Our trip depends on **whether** the tickets will be cheaper.*

Nossa viagem depende de **se** as passagens estarão mais baratas.

*Josh is worried about **whether** Carrie will arrive here late.*

Josh está preocupado com o fato de **se** Carrie chegará aqui tarde.

e. Antes de verbo no infinitivo:

*Those are such great hotel options that I haven't decided **whether** to stay in this or in that one.*

Essas são opções de hotel tão boas que eu não decidi **se** fico nesse ou naquele.

*I am wondering **whether** to get a book or magazine to read.*

Estou pensando **se** pego um livro ou uma revista para ler.

Para finalizar e consolidar um pouco a diferença entre ***if*** e ***whether***, compare estas duas frases:

*Please, call me **if** you are going to arrive on Monday.*
*Please, call me **whether or not** you are going to arrive on Monday.*

A primeira frase expressa uma condição (***if***), enquanto a segunda frase não traz essa ideia (***whether*** não expressa uma condição): entende-se que a ligação deve ser feita não importando se você vai chegar na segunda ou não.

ATENÇÃO Cuidado para não errar a grafia de ***whether***: escreve-se ***whether***, e não 'weather', 'wheter', 'wheather' ou 'wether'.

APLICAÇÃO

*What **if** we are the enemy who needs to be loved?*

– WEDNESDAY JOURNAL

E **se** nós formos os inimigos que precisam ser amados?

***If** You Can Make It There, the Mets Would Love to Have Your Number.*

– THE NEW YORK TIMES

Se você conseguir chegar lá, os Mets adorariam ter o seu número.

*Maine Medical Center Research Institute to study **whether** blood pressure medication can help prevent osteoporosis.*

– THE PORTLAND PRESS HERALD

Instituto de Pesquisa do Centro Médico do Maine estuda **se** a medicação para pressão arterial pode ajudar a prevenir a osteoporose.

*The question isn't when Trump will start campaigning. It's **whether** he'll stop.*

– NBC NEWS

A questão não é quando Trump começará a fazer campanha. É **se** ele vai parar.

48

IN OU INTO?

Entre os usos da preposição ***in***, está o que remete à localização ou posição de algo ou alguém dentro de lugares ou áreas com fronteiras delimitadas (para ver esse e outros usos de ***in***, consulte a dúvida **49**). A tradução nesse caso será "em".

I live ***in*** *Brazil.*
Moro no Brasil.

We are walking ***in*** *the park now.*
Nós estamos caminhando no parque agora.

She's sleeping ***in*** *her room.*
Ela está dormindo em seu quarto.

There are four apples ***in*** *the basket.*
Tem quatro maçãs na cesta.

Into, por sua vez, é a junção da preposição ***in***, cujo uso já foi explicado, com ***to***, que remete a movimento (= para, a). Um dos sentidos subjacentes a ***into*** é de "movimento para dentro". Assim, para você entender bem o emprego de ***into***, veja primeiro as preposições ***in*** e ***to*** empregadas separadamente em duas frases distintas:

Miguel went ***to*** *the store.*
Miguel foi **à** loja.

Miguel was ***in*** *the store.*
Miguel estava **na** loja.

Para usar ***into***, podemos combinar as frases acima, resultando em

Miguel walked ***into*** *the store.*
Miguel caminhou **para dentro da** loja.

Verbos de movimento comumente seguidos de ***into*** são: *jump*, *dive*, *roll*, *place* etc. Vale ressaltar que a tradução de ***into*** como "para dentro de" muitas vezes pode soar artificial a depender da frase, porém a ideia de "movimento para dentro" permanece. Veja os exemplos:

*The ball rolled slowly **into** the goal.*

A bola rolou devagar **para dentro do** gol.

*I love diving **into** the deep ocean.*

Eu amo mergulhar **no** oceano profundo.

*She carefully placed the letter **into** the envelope.*

Ela cuidadosamente colocou a carta **dentro do** envelope.

*My dog usually jumps **into** puddles.*

Meu cachorro geralmente pula **em** poças d'água.

APLICAÇÃO

*Prosecutors have said Ruggs' blood alcohol content after the crash was 0.16%, twice the legal limit for drivers **in** Nevada.*

– ESPN

Os promotores disseram que o teor de álcool no sangue de Ruggs após o acidente foi de 0,16%, o dobro do limite legal para motoristas **em** Nevada.

*Buddy Carter, a staunch supporter of Trump **in** the US House, told CNN Tuesday that he does and will continue to support Kemp for governor.*

– CNN

Buddy Carter, um firme apoiador de Trump **na** Câmara dos EUA, disse à CNN na terça-feira que ele apoia e continuará apoiando Kemp para governador.

*He is required to respond to a telephone or text signal by blowing **into** a device that checks his blood alcohol content.*

– ESPN

Ele é obrigado a responder a um telefone ou sinal por texto soprando **em** um dispositivo que verifica seu teor de álcool no sangue.

*British F-35 crashes **into** the Mediterranean, pilot ejects safely.*

– DEFENSE NEWS

F-35 britânico cai **no** Mediterrâneo, piloto se ejeta com segurança.

49

IN, **ON** OU **AT**?

Essas preposições geralmente estão entre as primeiras que um aluno aprende quando está estudando inglês em uma escola de idiomas. Contudo, mesmo depois de um longo tempo de experiência com a língua, até mesmo o professor às vezes precisa parar para pensar qual delas empregar em determinada frase.

Obviamente ***in***, ***on*** e ***at*** não são as únicas preposições do inglês, mas são as que mais confundem (ver também a dúvida **89**), uma vez que as três podem ser usadas para fazer referência tanto ao tempo quanto ao espaço e, nesse caso, apresentam semelhanças de emprego. É nesse contexto que nos deteremos aqui e tentaremos esclarecer essa dúvida da melhor forma possível de modo que você tenha mais facilidade. Vamos lá.

IN, **ON** E **AT** NA INDICAÇÃO DE TEMPO

Na maioria dos casos em que ***in***, ***on*** e ***at*** são empregadas fazendo referência a uma localização temporal, algo que nos ajuda a diferenciar seus usos é partir de um raciocínio que vai de uma ideia mais geral (***in***), passando por uma mais específica (***on***) e chegando a uma mais precisa, exata (***at***).

Perceba que a tabela abaixo foi organizada nesse sentido: ***in*** é geralmente empregada para períodos de tempo mais amplos, como, por exemplo, séculos, anos, meses e semanas, os quais abarcam outras noções temporais (anos, meses, semanas e dias, respectivamente). Note, então, quão amplos e extensos são esses períodos e, por isso, eles são associados à preposição ***in***.

Partindo agora para uma ideia mais específica, temos unidades que podem ser "fixadas", "congeladas" no tempo. Aí entram as datas completas, os dias da semana e os fins de semana, entre outros, empregados com a preposição ***on***.

Por outro lado, se não estivermos nos referindo a um dia, mas a um horário dentro dele, estaremos restringindo o tempo ainda mais, concorda? Dessa forma, para apontarmos para noções temporais muito específicas, recorremos à preposição ***at***, empregada sempre para falar das horas e, também, em conjunto com a palavra ***night***, a qual sinaliza um ponto final, resultado do processo de entardecer e anoitecer.

Percebeu a lógica? Agora observe a tabela que segue e tente aplicar o mesmo raciocínio aos contextos em que ***in***, ***on*** e ***at*** são usados para indicar localização temporal.

IN	
Partes do dia	*I study **in** the morning/**in** the afternoon/ **in** the evening.*
Meses, estações do ano	*I'll be there **in** March/**in** the spring.*
Anos	*Cintia was born **in** 2000.*
Décadas	*I met him **in** the eighties/**in** the 80s.*
Séculos	*Jane Austen lived **in** the 19th century.*
Período de tempo	*I see you **in** two weeks.* ***In** the past, smartphones didn't exist.*
Feriados com a palavra *holiday*	*We're gonna travel **in** the Easter holiday.*

ON	
Dias e dias da semana	*The party takes place* ***on*** *the 28th.* *The party takes place* ***on*** *Thursday.*
Fim de semana*	*Let's eat out* ***on*** *the weekend.*
Datas completas com mês e dia	*The party takes place* ***on*** *April 28th.*
Ocasiões específicas	*He proposed to me* ***on*** *my birthday.*
Feriados com as palavras *day* ou *eve*	*Come and be with us* ***on*** *Christmas day.*

AT	
Horas	*Class finishes* ***at*** *10 a.m.*
Horários do dia	*I'll meet you* ***at*** *noon/midday/midnight* *I'll meet you* ***at*** *lunchtime/breakfast etc.*
Feriados** sem as palavras *day* ou *eve*	*Come and be with us* ***at*** *Christmas.*
Com a palavra *night*	***At*** *night, mom watches soap operas.*
Com palavras como *moment* e *time*	*We are not hiring* ***at*** *the moment.* ***At*** *that time, striped socks were the latest trend.*

* *At the weekend* também é uma forma correta, mais usada no inglês britânico.

** O uso de ***at*** faz referência ao período em que o feriado é comemorado. Assim, podemos nos referir a *at Christmas* como "na semana do Natal", ou "no mês do Natal".

IN, **ON** E **AT** NA INDICAÇÃO DE LUGAR

O mesmo raciocínio aplicado ao uso de ***in***, ***on*** e ***at*** para fazer referência à localização no tempo pode ser aproveitado para falar da localização no espaço. Nesse sentido, continentes, países, estados, cidades e bairros, por exemplo, são identificados por possuírem fronteiras delimitadas e, por isso, são entendidos metaforicamente como contêineres, dentro dos quais estão ruas, avenidas, prédios etc.

O entendimento mais amplo desses espaços é associado à preposição ***in***. A fim de referir-se a um espaço de forma mais restrita, emprega-se ***on*** para falar, por exemplo, de endereços incompletos sem o número e da posição em uma superfície. Já ***at*** é associado, entre outros usos, a endereços exatos, com o número, e a locais exatos (podendo ser identificados no *Google Maps*).

Agora observe a tabela e tente aplicar o mesmo raciocínio aos contextos em que ***in***, ***on*** e ***at*** são usados para indicar localização espacial.

IN	
Espaços com fronteiras delimitadas	*The little bird is* ***in*** *my hand.* *There's something* ***in*** *that box for you.*
Áreas cercadas por paredes, muros, cercas etc.	*I love walking* ***in*** *the park during spring.* *The meeting will be* ***in*** *their apartment.*
Bairros, cidades, estados, países, continentes	*The environment* ***in*** *Petrópolis is invigorating.* *She isn't* ***in*** *Brooklyn anymore.* *I live* ***in*** *Rio de Janeiro.* *I have been living* ***in*** *Spain since last month.* *Brazil is the largest country* ***in*** *South America.*
Com a palavra *world*	*I am the happiest teacher* ***in*** *the world.*

Jornais e revistas	*I read about them* ***in*** *The New York Times*
Meios de transporte particulares (ver a dúvida **39**) (*car*, *taxi*, *carriage* etc.)	*We are* ***in*** *the Uber heading home now.* *Traveling* ***in*** *a taxi will be more comfortable for her.*

ON	
Superfícies	*The table is* ***on*** *page 10.* *That picture* ***on*** *the wall is beautiful.*
Endereços como estradas, ruas e avenidas (sem o número)	*She lives* ***on*** *Woodland Street.* *My house is* ***on*** *the corner of 57th Street and 7th Avenue.*
Meios de comunicação	***On*** *TV /* ***On*** *the internet /* ***On*** *the radio* ***On*** *social media /* ***On*** *Facebook/Instagram/ YouTube/Spotify etc.*
Meios de transporte públicos (ver a dúvida **39**) (*bus*, *airplane* etc.)	*We are* ***on*** *the plane heading home now.* *Traveling* ***on*** *a bus will be less comfortable for her.*

AT	
Localizações específicas*	*I'm here* ***at*** *the mall.* *Are you still* ***at*** *the bus stop?*
Reuniões e celebrações em grupo; lugares de entretenimento	*You can talk to her* ***at*** *the party/****at*** *the concert/****at*** *the meeting/****at*** *the wedding/****at*** *the movies etc.*
Lugares de trabalho e estudo**	*I work* ***at*** *a sales company.* *She is* ***at*** *school now.*
Endereços como estradas, ruas e avenidas (com o número)	*She lives* ***at*** *347 Woodland Street.* *We are* ***at*** *78 Amelia Avenue. Is that the right address?*

* Deve ficar claro que a referência não é feita ao interior do local, o que levaria ao uso de ***in***, mas à área, às proximidades em que o local se encontra, ou ainda ao local em si. Por isso, para dizer "uma casa na praia", "área praiana" ou mesmo "em frente à praia" em inglês, o correto é *a house at the beach*.

** Da mesma forma, para deixar claro que o indivíduo se encontra dentro do prédio em que se trabalha ou estuda, deve-se usar a preposição ***in***.

Aqui **é importante entender** que as dicas que oferecemos para ajudar você a internalizar o emprego de ***in***, ***on*** e ***at***, ligado a tempo e a espaço, **não dão** conta da compreensão de todos os usos temporais e espaciais associados a essas preposições. Em vista disso, o que se distanciar da explicação que trouxemos deve ser anotado e memorizado. Em toda e qualquer língua viva, principalmente o inglês, que é o idioma mais falado do mundo, as variações e mudanças linguísticas são inevitáveis.

APLICAÇÃO

Education Secretary Nadim Zahawi refuses to rule out school closures ***in*** *January.*

– DAILY MAIL

Secretário de Educação Nadim Zahawi se recusa a descartar fechamento de escolas **em** janeiro.

You're in luck, we have a full round-up of places open for dinner and drinks ***on*** *Christmas Day.*

– WHAT'S UP NEWS

Você está com sorte, temos um resumo completo de lugares abertos para o jantar e bebidas **no** dia de Natal.

At *a moment of peril, the world's democracies needed Biden's pep rally.*

– THE WASHINGTON POST

Em um momento de perigo, as democracias do mundo precisavam do comício de Biden.

Much has been done ***in*** *Russia to develop defense sector on basis of revived economy*

– TASS

Muito tem sido feito **na** Rússia para desenvolver o setor de defesa com base na economia reavivada.

Homeless people mustn't be abandoned to life ***on*** *the streets again.*

– THE GUARDIAN

Os sem-teto não devem ser abandonados à vida **nas** ruas novamente.

Canadians are staying ***at*** *home for Christmas.*

– THE GLOBE AND MAIL

Canadenses estão ficando **em** casa para o Natal.

50

IT'S TIME WE DO SOMETHING:

ESSA FRASE ESTÁ CORRETA?

Não. As expressões ***it's time***, ***it's high time*** e ***it's about time***, traduzidas como "já era hora" (para ***it's time***) e "já passou da hora" (para ***it's high time*** e sua variação ***it's about time***), são acompanhadas de sujeito e verbo no *simple past*. Contudo, o verbo deve ser traduzido como se estivesse no infinitivo, jamais no pretérito perfeito ou imperfeito. Veja:

It's time ***she was*** *here.*

Já era hora de **ela** estar aqui.

It's high time ***we did*** *something to help them.*

Já passou da hora de **nós** fazermos algo para ajudá-los.

It's about time ***you got*** *a job!*

Já passou da hora de **você** arrumar um emprego!

Don't you think it's time ***you had*** *a haircut?*

Você não acha que já é hora de cortar o cabelo?

Como você pode ver, o verbo no *simple past*, nesse contexto, equivale a um infinitivo e, portanto, faz referência ao momento presente. Essa é a recomendação da norma culta do inglês e, por isso, a troca do *simple past* pelo *simple present* configura erro:

It's time ***she is*** *here.*

It's high time ***we do*** *something to help them.*

It's about time ***you get*** *a job!*

Don't you think it's time ***you have*** *a haircut?*

As construções ***it's time to*** (seguida de verbo no infinitivo) e ***it's time for*** (seguida de substantivo ou pronome) são traduzidas literalmente:

It's time to *go!*

É hora de ir!

It's time for *us to go!*

É hora de nós irmos!

It's time for *a snack.*

É hora de um lanche.

APLICAÇÃO

It's time to *bet on change.*

– CNBC

É hora de apostar na mudança.

It's high time *those halls* ***were*** *decked, so join us for some inspiration.*

– MONOCLE

Já passou da hora desses salões **serem** enfeitados, então junte-se a nós para se inspirar.

Isn't it about time *Everton fans* ***got*** *some real answers?*

– THE ATHLETICS

Já não passou da hora dos fãs do Everton **obterem** respostas reais?

It's time for *action on inequality to end TB and AIDS.*

– WORLD HEALTH ORGANIZATION

É hora da ação sobre a desigualdade para acabar com a tuberculose e AIDS.

51

LIE OU LAY?

O verbo ***lie*** possui duas conjugações diferentes:

- Com o sentido de "mentir", ele é regular (passado e particípio passado: ***lied***);

- Entendido como "deitar", "ficar" ou "estar situado, localizado" é irregular (passado: ***lay***; particípio passado: ***lain***).

*Don't **lie** to me!*

Não **minta** para mim!

*Don't **lie** in bed all day. Cheer up.*

Não **deite** na cama o dia todo. Anime-se.

*The lake **lies** beyond this hill.*

O lago **fica localizado** além desta colina.

*Susan **lay** down and closed her eyes.*

A Susan se **deitou** e fechou os olhos.

*He had **lain** on the floor even before I noticed.*

Ele tinha **deitado** no chão antes mesmo que eu percebesse.

O que causa muita confusão é o fato de ***lay*** ser também um infinitivo, traduzido como "pôr", "colocar". Sob essa perspectiva, trata-se de um verbo irregular conjugado como ***laid*** tanto no passado quanto no particípio passado.

*The boss **laid** the papers on the table.*

O chefe **pôs** os papéis sobre a mesa.

*Ducks **lay** eggs.*

As patas **botam** ovos.

A tabela resume a conjugação desses verbos:

Verbo	**Passado simples**	**Particípio passado**	**Tradução**
lie	*lied*	*lied*	mentir
lie	*lay*	*lain*	deitar, localizar-se
lay	*laid*	*laid*	pôr, colocar

APLICAÇÃO

The scientists identified two different groups of "liars" among the participants of the study: those who use their cheek muscles when they ***lie****, and those who activate their eyebrows.*

– THE ALGEMEINER

Os cientistas identificaram dois grupos diferentes de "mentirosos" entre os participantes do estudo: aqueles que usam seus músculos da bochecha quando **mentem**, e aqueles que levantam suas sobrancelhas.

It's also possible that people ***lie*** *about having seen something so people will stop telling them they absolutely must see it.*

– THE GUARDIAN

Também é possível que as pessoas **mintam** sobre terem visto algo para que se pare de dizer que elas devem vê-lo.

Salvation ***lies*** *in the almost-clean laundry pile.*

– AL.COM

A salvação **está** na pilha de roupas quase limpas.

"Family ***laid*** *one brother to rest, lost a second to gun violence in single day", pastor say.*

– NWI TIMES

"Família **colocou** um irmão para descansar e perdeu um segundo para a violência armada em um único dia", diz pastor.

52

LIKE OU AS?

Tanto ***like*** quanto ***as*** possuem mais de um significado e podem revelar mais de uma classe gramatical a depender do contexto. Porém, aqui trataremos ambos como preposições que compartilham um significado em comum: "como". Nesse sentido, a diferença entre elas é simples:

Empregamos ***like*** quando fazemos uma comparação no sentido figurado, para mostrar que um comportamento ou uma característica de alguém apresenta semelhança com algum indivíduo. Isso, no entanto, não faz com que uma pessoa seja, de fato, o indivíduo com o qual é comparada. Veja:

*I've eaten **like** a horse. I'm stuffed.*
Comi **como** um cavalo. Estou empanzinado.
Entenda-se: comi muito, mas não sou um cavalo por causa disso.

*She is just **like** her father: stubborn.*
Ela é exatamente **como** o pai dela: teimosa.
Entenda-se: ela é teimosa, mas isso não a faz ser o pai.

Empregamos ***as*** para mostrar um estado ou qualidade real atribuído a um indivíduo. Nesse contexto, ***as*** equivale a "como" no sentido de "na função de" ou "na qualidade de".

*They use their garage **as** an office.*
Eles usam a garagem **como** um escritório.

***As** a teacher, you have to guide your students.*
Como uma professora, você tem que guiar seus alunos.

APLICAÇÃO

*The dangers of treating AI **like** a god.*
– NEWSCIENTIST
Os perigos de tratar a inteligência artificial **como** um deus.

*"I felt **like** a prisoner in my own home in stalking horror but I vowed to be strong for my girls", Louise Minchin reveals.*

– THE SUN

"Eu me senti **como** uma prisioneira em minha própria casa, vivendo um horror, mas eu jurei ser forte para minhas meninas", revela Louise Minchin.

*Renowned oceanographer Sylvia Earle says we should stop treating oceans **like** a "free grocery store".*

– INEWS

Renomada oceanógrafa, Sylvia Earle diz que devemos parar de tratar oceanos **como** uma "mercearia gratuita".

*Art is now accepted **as** a financial asset, but it is still a questionable investment.*

– THE ART NEWSPAPER

A arte agora é aceita **como** um ativo financeiro, mas ainda é um investimento questionável.

*British Gas owner appoints Amber Rudd **as** a director.*

– THE GUARDIAN

Proprietário da British Gas nomeia Amber Rudd **como** diretora.

*"It breaks my heart **as** a physician."'*

– TORONTO STAR

"Parte meu coração **como** médica."

53

LOOK, SEEM OU APPEAR?

Os três verbos podem ser traduzidos como "parecer" e funcionar como verbos de ligação, acompanhados de adjetivos:

*She **looks** worried.*

Ela **parece** preocupada.

*They **seem** sad.*

Eles **parecem** tristes.

*You **appear** (to be) busy.*

Você **parece** estar ocupado.

Porém, atenção às particularidades de cada um desses verbos:

a. Após ***look*** e ***seem***, podem-se usar ***like*** e ***as if***.

*It looks **like** it's going to rain again.*

*It looks **as if** it's going to rain again.*

Parece **que** vai chover novamente.

*It seems **like** she won't agree to a divorce.*

*It seems **as if** she won't agree to a divorce.*

Parece **que** ela não vai concordar com um divórcio.

b. Após ***seem*** e ***appear***, pode-se usar verbo no infinitivo (precedido da partícula ***to***).

*The dog seems **to be** lost.*

*The dog appears **to be** lost.*

O cão parece **estar** perdido.

APLICAÇÃO

*What will your raise **look** like in 2022? There's good news and bad news.*

– CNN

Como seu aumento **parecerá** em 2022? Há boas e más notícias.

*What does the future of driverless cars **look** like?*

– NPR

Como se **parece** o futuro dos carros sem motorista?

*Exxon's new Gulf of Mexico leases aren't what they **seem**.*

– THE VERGE

Os novos arrendamentos no Golfo do México da Exxon não são o que **parecem**.

*Fox News edits video of Biden to make it **seem** he was being racially insensitive.*

– THE GUARDIAN

Fox News edita vídeo de Biden para fazer **parecer** que ele estava sendo racialmente insensível.

*This Pharma Stock **Appears** To Be A Better Pick Over Abbott Labs.*

– FORBES

Esta ação da Pharma **parece** ser uma melhor escolha sobre os laboratórios Abbott.

*Fewer people **appear** to want to become police officers. Chiefs have theories as to why.*

– YAHOO NEWS

Menos pessoas **parecem** querer se tornar policiais. Chefes têm teorias sobre o porquê.

54

MANY OU **MUCH**?

Emprega-se o quantificador ***many*** (= muitos, muitas) com substantivos contáveis no plural (para saber mais, consulte a dúvida **76**).

> *I have experience in **many** different job positions.*
> Eu tenho experiência em **muitos** cargos diferentes.

__Many__ children are at orphanages waiting for a family.
Muitas crianças estão em orfanatos esperando por uma família.

We don't have __many__ notebooks for sale now. The remaining ones are these.
Não temos **muitos** cadernos à venda agora. Os restantes são esses.

Em frases afirmativas, ***many*** pode ser substituído por ***a lot of***, ***lots of*** (coloquial) ou ***plenty of***.

Construções com ***many***, as quais também se empregam com substantivos contáveis no plural, incluem: ***how many*** (quantos/as), ***as many ... as*** (quantos/as, tantos/as... como/quanto) etc.

__How many__ days do we have until Christmas?
Quantos dias temos até o Natal?

I'll try to convince __as many__ people __as__ possible.
Tentarei convencer **tantas** pessoas **quanto** for possível.

They will invite __as many__ relatives __as__ they can for their wedding.
Eles convidarão **quantos** parentes puderem para o casamento deles.

Expressões com *many* que necessitam de atenção redobrada

A good many – uma boa quantidade de

There were __a good many__ technicians working at the construction site.
Havia **uma boa quantidade de** técnicos trabalhando no local da construção.

A great many – uma grande quantidade de

*They have known each other for **a great many** years.*

Eles se conhecem há **muitos e muitos** anos.

A construção enfática ***many a time*** (= ***many times*** = muitas vezes) é considerada bastante formal, tendendo a ser evitada na linguagem do dia a dia.

*I've told you **many a time/many times**.*

Eu te disse **muitas vezes**.

Além de ***many a time***, construções formadas por ***many*** + artigo indefinido + substantivo contável no singular, como ***many a person*** (= *many people*), ***many a day*** (= *many days*) e ***many a parent*** (= *many parents*), por exemplo, são consideradas mais formais ou em desuso.

*It is one of the saddest pictures I have seen for **many a day**.*

Essa é uma das fotos mais tristes que vi em **muitos dias**.

*I have exchanged **many a message** before with Adam about the price.*

Troquei **muitas mensagens** com Adam antes em relação ao preço.

Emprega-se o quantificador ***much*** (= muito, muita) com substantivos incontáveis e, portanto, no singular (para saber mais, consulte a dúvida **76**).

*For someone who is going on a diet, he's eating **much** fat.*

Para alguém que está de dieta, ele está comendo **muita** gordura.

*Did you spend **much** time cleaning the house?*

Você passou **muito** tempo limpando a casa?

*In our house there's not **much** room for a big couch.*
Na nossa casa não tem **muito** espaço para um sofá grande.

Apesar de as frases afirmativa, interrogativa e negativa anteriores trazerem ***much***, esse quantificador tende a ser evitado nos dois primeiros casos, sendo mais frequente nas negativas. ***A lot of***, ***lots of*** (coloquial), ***plenty of*** ou ***a great deal of*** podem substituir ***much*** nesses contextos.

Construções com ***much***, as quais também se empregam com substantivos incontáveis, incluem: ***how much*** (quanto/a), ***as much ... as*** (quanto/a, tanto/a... como/quanto) etc.

***How much** is this sweater?*
Quanto é/custa este suéter?
*You don't know **how much** you have helped me.*
Você não sabe **o quanto** tem me ajudado.
*I'll be after them gathering **as much** information **as** possible.*
Vou ficar atrás deles reunindo **o máximo de** informação possível.
*Enjoy the show **as much as** you can!*
Aproveite o show **o quanto** você puder!

Expressões com *much* que necessitam de atenção redobrada

Too much – Traduzida como "demais", usada para intensificar uma quantidade.

*I've eaten **too much** bread. I'm stuffed.*
Comi pão **demais**. Estou empanzinado.

Very much – Adiciona a ideia de "muito" em ***thank you very much*** (= muito obrigado/a). Além disso é usada como nas frases abaixo:

*Everybody enjoyed the party **very much**.*

Todos curtiram **muito** a festa.

*It's **very much more** interesting **than** you think.*

É **muito mais** interessante **do que** você pensa.

*It sounds **very much like** Bossa Nova.*

Isso soa **muito como** Bossa Nova.

So much – Adiciona a ideia de "muito" em ***thank you so much*** (= muito obrigado/a), sendo mais enfático do que *very much* em ***thank you very much***. Além disso, a expressão ***so much*** é normalmente traduzida como "tanto(a)", empregada como nestas frases:

*There was **so much** ice-cream on the cone **that** it all collapsed.*

Havia **tanto** sorvete na casquinha **que** caiu tudo.

*I love you **so much**!*

Eu te amo **tanto**!

*I regret wasting **so much** water to wash my bike.*

Eu me arrependo de ter gastado **tanta** água para lavar minha bicicleta.

*There's **so much more** to be researched in that area.*

Há **tanto mais** para ser pesquisado naquela área.

Much better – Muito melhor

*You are **much better than** all those who speak ill of you.*

Você é **muito melhor do que** todos aqueles que falam mal de você.

*I feel **much better** now. Thank you.*

Eu me sinto **muito melhor** agora. Obrigada.

Much as/however much *– Por mais que*

Much as *I hate saying this, you are totally right.*
Por mais que eu odeie dizer isso, você está totalmente certo.

However much *it might embarrass you, you need to admit that you erred.*
Por mais que isso possa te envergonhar, você precisa admitir que errou.

Consulte também a dúvida 1 para complementar os estudos deste tópico.

APLICAÇÃO

Many *make-a-wish kids ask for a vacation. This teen asked to feed the homeless.*

– THE WASHINGTON POST

Muitas crianças que fazem um desejo pedem férias. Este adolescente pediu para alimentar os sem-teto.

Inflation means economic recovery is passing ***many*** *Americans by.*

– THE ECONOMIST

Inflação significa que a recuperação econômica está passando despercebido por **muitos** americanos.

How Much *Do Electric Vehicles Cost to "Fill Up" Compared With Buying Gasoline?*

– THE WALL STREET JOURNAL

Quanto custam os veículos elétricos para "encher" em comparação com a compra de gasolina?

She went through all the things that led to ***so much*** *extra money but* *told Delegates to be careful.*

– WVTF

Ela passou por todas as coisas que levaram a **tanto** dinheiro extra, mas disse aos delegados para terem cuidado.

*To contribute to the effort, you just need to find a donation board on the map and then give **however much** you can.*

– NEWSWEEK

Para contribuir com o esforço, você só precisa encontrar um quadro de doação no mapa e, em seguida, dar **o máximo** que puder.

*For **however much** fans may have learned about Randall on Vanderpump Rules, a lot of facts about him were omitted over the years that he was featured on the show.*

– DISTRACTIFY

Por mais que os fãs tenham aprendido sobre Randall em Vanderpump Rules, muitos fatos sobre ele foram omitidos ao longo dos anos em que ele estrelou no programa.

55

MUST OU **HAVE TO**?

Must é um verbo modal comumente associado à ideia de obrigação.

> *You **must** respect your parents.*
>
> Você **deve** respeitar seus pais.
>
> *You **musn't** talk to strangers.*
>
> Você **não deve** falar com estranhos.

O uso de ***have to*** não passa a mesma intensidade presente em ***must***, pois há a ausência de obrigação.

*I **have to** go because it's getting dark.*
Eu **tenho que** ir porque está escurecendo.
*You **don't have to** behave that way. There's no point.*
Você **não tem que** se comportar dessa forma. Não há motivo.

Compare:

*You **must** be back home before midnight.*
Você **deve** estar de volta em casa antes da meia-noite.

O passado de ***must*** associado a obrigação é ***had to***:

*She **must** see a doctor. She is burning up with fever.*
Ela **deve** ir ao médico. Está ardendo em febre.
*She **had to** see a doctor because she was burning up with fever.*
Ela **teve que** ir ao médico porque estava ardendo em febre.

APLICAÇÃO

*Trump SPAC (Special Purpose Acquisition Company) **must** be investigated, Elizabeth Warren demands.*

– CNN

SPAC Companhia com Propósito Específico de Aquisição de Trump **deve** ser investigada, Elizabeth Warren exige.

*We **mustn't** ignore a big crisis of education staring us in the face.*

– MINT

Não devemos ignorar uma grande crise de educação na nossa frente.

*We **mustn't** underestimate the risk of conflict with Russia.*

– THE TELEGRAPH

Não devemos subestimar o risco de conflito com a Rússia.

*Diners now **have to** ask for plastic utensils and napkins in Los Angeles.*

– NBC NEWS

As lanchonetes agora **têm que** pedir utensílios plásticos e guardanapos em Los Angeles.

*China and India will **have to** explain themselves on coal, COP26 president says.*

– CNBC

China e Índia **terão que** se explicar sobre carvão, diz presidente da COP26.

*"You **have to** have money of your own, the last thing you want to do is **have to** ask permission", said Orman.*

– CNBC

"Você **tem que** ter seu próprio dinheiro, a última coisa que você quer fazer é **ter que** pedir permissão", disse Orman.

56

O QUE É UM **PHRASAL VERB** E COMO USÁ-LO?

Parte da identidade da língua inglesa, principalmente no registro falado, um *phrasal verb* é um verbo especial, que consiste na junção de um verbo com uma partícula (preposição ou advérbio), e essa combinação **não pode ser traduzida literalmente**, tendo, cada *phrasal verb*, um significado único, independente da soma de suas partes. Veja alguns exemplos de *phrasal verbs* em contexto, seguidos de seus respectivos significados. Vale ressaltar que um *phrasal verb* pode apresentar mais de uma tradução conforme o contexto.

This ***calls for*** *a celebration.*
Isso **pede** uma comemoração.

They've been ***turned down*** *once already.*
Eles já foram **recusados** uma vez.

Did mom and dad ***get away*** *all right?*
A mamãe e o papai **foram embora** bem?

I think I'm going to ***drop off*** *soon.*
Acho que vou **dormir** daqui a pouco.

Alguns *phrasal verbs* têm duas partículas após o verbo (um advérbio e uma preposição):

He never ***looks down on*** *her for what she's doing.*
Ele nunca a **desrespeita** pelo que ela faz.

I don't see why I should have to ***put up with*** *that.*
Não vejo por que eu tenho que **tolerar** isso.

Além dessa característica, os *phrasal verbs*, como os verbos comuns, podem ser transitivos ou intransitivos, conforme apresentado a seguir.

PHRASAL VERBS INTRANSITIVOS

Você não pode se esquecer de que *phrasal verbs* são verbos, apesar de sua formação peculiar. Nesse sentido, *phrasal verbs* podem ser classificados, de acordo com sua transitividade, como **intransitivos**, ou seja, não requerem um objeto para completar-lhes o sentido. Os exemplos de *phrasal verbs* intransitivos incluem:

break down	*eat out*	*hang on*	*run away*
carry on	*get back*	*join in*	*set off*
drop off	*go off*	*move in/out*	*wake up*

Os *phrasal verbs* desta tabela não foram traduzidos, pois o significado pode variar conforme o contexto.

PHRASAL VERBS TRANSITIVOS

Em relação aos *phrasal verbs* transitivos, isto é, aqueles que pedem um objeto, há uma divisão entre os *phrasal verbs* **inseparáveis** e **separáveis**.

PHRASAL VERBS TRANSITIVOS INSEPARÁVEIS

Como a própria classificação sugere, os *phrasal verbs* transitivos inseparáveis não admitem a presença de um objeto entre o verbo e a partícula. Veja isso na prática por meio dos exemplos a seguir, nos quais o objeto aparece sublinhado:

*You will **get over** it.*
Você vai **superar** isso.

*Could you please **look after** my cat?*
Você poderia **cuidar** do meu gato, por favor?

A lista de *phrasal verbs* transitivos inseparáveis inclui:

back out of	*come across*	*get around*	*look up to*
bear down on	*come through*	*get away with*	*make up for*
bear on	*come up with*	*go for*	*run into*
break down	*count on*	*go over*	*see about*
break into	*cut in on*	*hang up*	*see to*
call for	*do away with*	*hit on*	*stand for*
care about	*do without*	*hold on to*	*take after*
care for	*drop by*	*live on*	*turn into*
catch up with	*drop out of*	*look after*	*wait on*
check up on	*face up to*	*look down on*	*watch out for*

Os *phrasal verbs* desta tabela não foram traduzidos, pois o significado pode variar conforme o contexto.

PHRASAL VERBS TRANSITIVOS SEPARÁVEIS

Quando o *phrasal verb* é separável, o objeto pode vir tanto entre verbo e partícula ou imediatamente após o *phrasal verb*. Veja alguns exemplos, nos quais o objeto aparece sublinhado:

We decided to ***put*** *the meeting* ***off****.*
We decided to ***put off*** *the meeting.*
Decidimos **adiar** a reunião.

Don't ***throw*** *that paper* ***away****.*
Don't ***throw away*** *that paper.*
Não **jogue** aquele papel **fora**.

*Let's **leave** the case **out**.*

*Let's **leave out** the case.*

Vamos **omitir** o caso.

A lista de *phrasal verbs* separáveis inclui:

add up	*clean out*	*fill up*	*pick up*
back up	*clean up*	*find out*	*put off*
bring off	*clear out*	*fix up*	*put on*
bring on	*close down*	*freak out*	*see off*
bring out	*close up*	*get across*	*show off*
bring up	*count in*	*give back*	*take back*
burn down	*count out*	*give out*	*tear up*
burn up	*cut down*	*hand over*	*think up*
buy out	*cut off*	*hang up*	*touch up*
call off	*cut out*	*keep up*	*try on*
call up	*draw up*	*leave out*	*turn down*
cheer up	*dress up*	*let down*	*turn on*
chop up	*eat up*	*make over*	*turn off*
clean off	*figure out*	*pay back*	

Os *phrasal verbs* desta tabela não foram traduzidos, pois o significado pode variar conforme o contexto.

Esperamos que a diferença entre *phrasal verbs* intransitivos e transitivos e, por sua vez, entre *phrasal verbs* transitivos separáveis e inseparáveis, tenha ficado clara, pois ainda há mais um ponto importante no que se refere aos *phrasal verbs* transitivos **separáveis**, ou seja, aqueles nos quais o objeto pode vir entre o verbo e a partícula. Vejamos:

a. Quando o objeto for um pronome, é **obrigatório** que ele esteja entre o verbo e a partícula que compõem o *phrasal verb*:

Turn *the TV* ***on.***
Turn on *the TV.*
Turn *it* ***on.***
Ligue a TV.

She ***blew*** *the 12 candles* ***out.***
She ***blew out*** *the 12 candles.*
She ***blew*** *them* ***out.***
Ela **assoprou** as 12 velas.

b. Objetos longos tendem a vir sempre após o *phrasal verb*:

Bruce ***brought up*** *an important and interesting point.*
Bruce **mencionou** um ponto interessante e importante

Never ***let down*** *the people who are always there for you.*
Nunca **decepcione** as pessoas que sempre estão lá por você.

LEMBRETE *Phrasal verbs* formados por verbo + advérbio + preposição, como ***look up to*** (admirar) e ***put up with*** (tolerar), embora sejam transitivos (acompanhados de objeto), são sempre inseparáveis e, portanto, o objeto vem sempre após todo o *phrasal verb*.

APLICAÇÃO

Pupils across North East Wales have ***come up with*** *a mental wellbeing resource.*

– THE LEADER

Alunos de todo o nordeste de Gales **apresentaram** um recurso de bem-estar mental.

The government is making businesses ***throw away*** *thousands of bottles of hand sanitizer.*

– WASHINGTON POLICY CENTER

O governo está fazendo as empresas **jogarem fora** milhares de garrafas de desinfetante para as mãos.

The Rock Makes a Shocking Revelation: "I Don't Really ***Look Up to*** *Anyone Anymore".*

– ESSENTIALLY SPORTS

The Rock faz uma revelação chocante: "Eu realmente não **admiro** ninguém mais".

CEO ***finds out*** *his employee is interviewing at another firm.*

– MONEY CONTROL

O CEO **descobre** que seu empregado está sendo entrevistado em outra empresa.

"I cannot ***give*** *him* ***up****": Homeless man chooses dog over housing.*

– WFLA

"Não posso **desistir** dele": sem-teto escolhe cachorro em vez de moradia.

This federal minister says it's time to **give** *land* **back** *to Indigenous peoples.*

– TORONTO STAR

Este ministro federal diz que é hora de **devolver** terra aos povos indígenas.

57

O QUE É A DUPLA NEGATIVA?

Fazer comparações entre o inglês e o português que auxiliem no aprendizado é sempre bem-vindo. Porém, o pensamento de que "se em português é assim, também tem que ser no inglês" não deve ser cultivado, uma vez que se trata de duas línguas diferentes, com características e origens distintas. Para ilustrar, dizemos em português que:

Não tenho **nenhum** dinheiro.

Repare que, mesmo com duas palavras negativas (em negrito), a frase mantém uma ideia negativa. Não obstante, em inglês,

*I **don't** have **no** money*

A dupla negativa (duas negações em uma mesma frase) acaba gerando um sentido oposto: positivo. Por isso, para o inglês, você deve se lembrar que "menos com menos dá mais" e, portanto, se você quiser fazer uma frase negativa em inglês, **fuja da dupla negativa**!

Como consertar *I don't have no money*, então? Proceda de acordo com uma das duas opções a seguir:

a. Torne a frase negativa com o acréscimo de ***no*** (ou uma de suas formas compostas: *nobody*, *no one*, *nowhere*, *nothing*) ou ***none***:

*I have **no** money.*
Não tenho nenhum dinheiro.

*I have **none**.*
Não tenho nenhum.

*I have **nothing**.*
Não tenho nada.

b. Se a frase já estiver negativa por meio de um auxiliar, verbo modal ou verbo *to be* seguido de ***not*** (*isn't, cannot, have not, didn't* etc.), acrescente ***any*** (ou uma de suas formas compostas: *anybody*, *anyone*, *anyhere*, *anything*):

*I <u>don't</u> have **any** money.*
Não tenho nenhum dinheiro.

*I <u>don't</u> have **any**.*
Não tenho nenhum.

*I don't have **anything**.*
Não tenho nada.

Para consolidar, estão corretas as seguintes frases para se dizer "Não li nenhum livro de ficção este ano":

*I have read **no** fiction books this year.*
*I haven't read **any** fiction books this year.*

É incorreta:

***I haven't** read **no** fiction books this year.*

A dupla negativa deve ser evitada dentro de uma frase com um verbo, ou seja, dentro de uma oração. Quando houver um período composto (frase com dois verbos, portanto duas orações, comumente ligadas por uma conjunção) que possui duas negativas, é certo que cada uma delas se encontrará em uma oração distinta. Veja o exemplo:

*She did **nothing**, / therefore she should **not** be blamed for **anything**.*
Ela **não** fez **nada**, | portanto **não** deve ser culpada por **nada**.

A conjunção ***therefore*** inicia a oração seguinte e cumpre o papel de ligá-la à oração anterior, formando um período composto.

APLICAÇÃO

*"I **don't** have **any** patience, so anything that happens is a test of my patience, including sitting in this chair right now."*

– ESPN

"Eu **não** tenho paciência **nenhuma**, então qualquer coisa que aconteça é um teste da minha paciência, incluindo sentar nesta cadeira agora."

*The Nets have three stars. The Pacers have **none**.*

– CBS SPORTS

Os Nets têm três estrelas. Os Pacers **não** têm **nenhuma**.

*"Where there's **no** respect, love has **no** meaning."*

– HINDUSTAN TIMES

"Onde **não** há **nenhum** respeito, o amor **não** tem **nenhum** significado."

*"But again, so far he **hasn't** broken **any** rules so we have to be careful with our judgement."*

– METRO

"Mas, de novo, até agora ele **não** quebrou **nenhuma** regra, então nós temos que ter cuidado no nosso julgamento."

58

ON OU **ABOUT**?

Veja estes exemplos:

*A book for children **about** indians and their customs.*

Um livro para crianças **sobre** os índios e seus costumes.

*A textbook **on** indigenous peoples.*

Um livro didático **sobre** os povos indígenas.

Como os exemplos acima ilustram, as preposições ***about*** e ***on*** podem ser usadas para introduzir assuntos e podem ser traduzidas como "sobre", "a respeito de" etc., contudo, seus contextos de uso são diferentes. Empregamos ***about*** para tratarmos de assuntos comuns, corriqueiros e gerais, os quais não demandam pesquisa e estudo aprofundado. Por outro lado, ***on*** é visto após palavras como *lecture*, *class*, *documentary*, *book*, *textbook* e *talk*, pois essa preposição sugere que os assuntos abordados, nesses casos, são especializados, baseados em estudos e pesquisas prévios. Sendo assim:

*A lecture **on** economics.*
Uma palestra **a respeito de** economia.

*A class **on** English language history.*
Uma aula **sobre** a história da língua inglesa.

*A documentary **on** the Middle Ages.*
Um documentário **sobre** a Idade Média.

*A textbook **on** geography.*
Um livro didático **sobre** geografia.

*A talk **on** contagious diseases.*
Uma fala **a respeito de** doenças contagiosas.

Devido ao contexto, a substituição de ***on*** por ***about*** nas frases acima não é recomendada.

APLICAÇÃO

*It's **about** these workers, as well as individuals, their spouses, and their children.*

– THE HILL

É **sobre** esses trabalhadores, bem como indivíduos, seus cônjuges e seus filhos.

*Every Friday, she sets aside 15 minutes to rate how she feels **about** the work she did that week on a scale of 1 to 5.*

– CNBC

Toda sexta-feira, ela reserva 15 minutos para avaliar como se sente **sobre** o trabalho que fez naquela semana em uma escala de 1 a 5.

*Princeton hosts lecture **on** Kathryn Paige Harden's "The Genetic Lottery".*

– THE DAILY PRINCETONIAN

Princeton promove palestra **sobre** "A Loteria Genética" de Kathryn Paige Harden.

*Library hosts online talk **on** the attack on Pearl Harbor.*

– THE DAILY NEWS

Biblioteca promove conversa on-line **sobre** o ataque em Pearl Harbor.

59

ON OU **ONTO**?

Entre os usos da preposição ***on***, está o que remete à localização ou posição de algo ou alguém em uma superfície. A tradução nesse caso será "em cima de", "sobre".

*There's a hair **on** your arm.*

Há um fio de cabelo **no** seu braço.

*That picture **on** the wall over there looks old.*

Aquela foto **na** parede logo ali parece antiga.

*What's that **on** the car? A squirrel?*

O que é aquilo **em cima do** carro? Um esquilo?

*He slept **on** a park bench.*

Ele dormia **em** um banco de parque.

Onto, por sua vez, é a junção da preposição ***on***, cujo uso já foi explicado acima, com ***to***, que remete a movimento (= para, a). Um dos sentidos subjacentes a ***onto*** é de "movimento em direção a uma superfície". Assim, para você entender bem o emprego de ***onto***, veja primeiro as preposições ***on*** e ***to*** empregadas separadamente em duas frases distintas:

José drove ***to*** *the platform.*
José dirigiu **até a** plataforma.
José's car was ***on*** *the platform.*
O carro do José estava **sobre** a plataforma.

Para usar ***onto***, podemos combinar as frases acima, resultando em:

José drove his car ***onto*** *the platform.*
José dirigiu seu carro **para cima da** plataforma.

Verbos de movimento que podem ser seguidos de ***onto*** são: *jump*, *climb*, *empty* etc. Vale ressaltar que a tradução de ***onto*** como "para cima de" muitas vezes pode soar artificial a depender da frase, porém a ideia de "movimento em direção a uma superfície" permanece. Veja os exemplos:

He climbed ***onto*** *the top of the mountain.*
Ele escalou **até** o topo da montanha.
The cat jumped ***onto*** *the table.*
O gato pulou **para cima da** mesa.
She emptied the suitcase full of clothes ***onto*** *the bed.*
Ela esvaziou a mala cheia de roupas **em cima da** cama.

Para saber mais sobre a preposição ***on***, consulte a dúvida **49**.

APLICAÇÃO

Drunk driver sentenced in death of man thrown ***onto*** *Garden State Parkway, officials say.*

– NJ.COM

Motorista bêbado condenado pela morte de homem atirado **até** a Garden State Parkway, dizem as autoridades.

Gangs of kids climb ***onto*** *McDonald's roof and threaten delivery drivers.*

– LIVERPOOL ECHO

Gangues de crianças sobem **até** o telhado do McDonald's e ameaçam os motoristas de entrega.

Whose Writing Is ***on*** *the Wall at the Museum? It Could Be Yours.*

– THE NEW YORK TIMES

De quem é a escrita **na** parede do museu? Pode ser sua.

A Shreveport man was shot Tuesday night while sitting ***on*** *his front porch in the 2900 block of Stonewall Avenue.*

– KTBS

Um homem de Shreveport foi baleado na terça à noite enquanto estava sentado **em** sua varanda no bloco 2900 da avenida Stonewall.

60

ONE: SOMENTE UM NUMERAL?

Muito cuidado, pois a palavra ***one*** nem sempre corresponde a um número, como em ***One*** *apple for a snack is enough for me* (**Uma** maçã para o lanche é suficiente para mim). Por isso, atenção aos sentidos que ***one*** assume nos três contextos a seguir.

a. ***One*** (e, mais informalmente, ***you***) pode ser usado com um sentido genérico, para falar de pessoas de modo geral, sem especificar:

One *cannot achieve fluency in a foreign language in one month.*
You *cannot achieve fluency in a foreign language in one month.*
Não se pode alcançar fluência em uma língua estrangeira em um mês.

If ***one*** *wishes to have a happy life,* ***one*** *should base happiness on honesty and truth.*
If ***you*** *wish to have a happy life,* ***you*** *should base happiness on honesty and truth.*
Se alguém desejar ter uma vida feliz, deve basear a felicidade em honestidade e verdade.

It's easy to lose ***one's*** *temper when* ***one*** *is criticized.*
É fácil alguém perder a paciência quando é criticado.

b. ***One*** é normalmente usado para evitar a repetição de uma palavra mencionada anteriormente. Aplica-se apenas a substantivos contáveis:

I'm looking for a new house. A big ***one*** *with four bedrooms.*
Estou procurando uma casa nova. **Uma** grande com quatro quartos.
Those dresses are perfect for summer. I'll take the long ***ones****.*
Esses vestidos são perfeitos para o verão. Vou levar **os** longos.
"Can you lend me a pen?" / "Sorry, I don't have ***one****."*
"Você pode me emprestar uma caneta?" / "Desculpe, não tenho **uma**."

c. ***One*** é opcional após *which*, *this*, *that*, *another*, *either*, *neither* e superlativos:

*"They have two ice-cream flavors. Which (****one****) would you like?"*
"Eles têm dois sabores de sorvete. De qual você gostaria?"

*"This (**one**)." / "Either (**one**)." / "Neither (**one**)."*

"Este." / "Um ou outro." / "Nem um nem outro."

*"Let's have another (**one**)?"*

"Vamos pedir outro?"

*"Yes, chocolate, please. It's the most delicious (**one**)."*

"Sim, chocolate, por favor. É o mais delicioso."

d. A expressão ***the only one(s)*** significa "o(s) único(s)":

*You are **the only one** who listens to me.*

Você é **o único** que me escuta.

***The only ones** to choose the wedding date are the engaged couple.*

Os únicos a escolherem a data do casamento são os noivos.

APLICAÇÃO

*Trump Isn't **the Only One** to Blame for the Capitol Riot.*

– THE NEW YORK TIMES

Trump não é **o único** a ser culpado pelo motim do Capitólio.

*Holidays are supposed to allow **one** to forget about work.*

– CAMBRIDGE

Feriados devem permitir que **se** esqueça do trabalho.

*Biden should ditch his domestic policy agenda for a better **one**.*

– THE ORANGE COUNTY REGISTER

Biden deve abandonar sua agenda política interna por **uma** melhor.

*The Best and Worst New Midseason Shows: **Which Ones** Should You Watch?*

– TV GUIDE

Os melhores e piores novos programas de meio de temporada:
quais você deve assistir?

61

OPEN THE BOOK ON PAGE...

CERTO OU ERRADO?

Na verdade, o correto é *open the book* ***to*** *page...*

To é uma preposição comumente empregada com sentido de movimento em direção a um destino após certos verbos (*give, lend, walk, travel, run, drive, take* etc.). Nesse sentido, quando se quer chegar a um ponto específico de um livro, é necessário percorrer um caminho até a página que se deseja. Por isso, ao iniciar a aula, o professor pode igualmente dizer:

Open the book ***to*** *page 12.*	e	*Go* ***to*** *page 12.*
Abra o livro **na** página 12.		Vá **à** página 12.

Por isso, *open the book* ***on*** *page...* traz um erro gramatical, uma vez que a preposição ***on*** indica uma localização específica onde algo pode ser encontrado e, além disso, não indica movimento. Dessa forma, o emprego de ***on*** está correto no diálogo abaixo:

"Where is that muffin recipe?"
"Onde está aquela receita de muffin?"
"It's ***on*** *page 78."*
"**Na** página 78."

Para saber mais sobre os empregos de ***on*** e ***to***, consulte as dúvidas **49** e **89**, respectivamente.

APLICAÇÃO

*First, sign in to your British Airways account, **go to** the "book flights with Avios" page and put in your search details.*

– THE POINTS GUY

Primeiro, faça login na sua conta da British Airways, **vá para** a página "reserve voos com a Avios" e coloque seus detalhes de pesquisa.

*The judge said he found one area of concern in the report, which was **on page** two in paragraphs six and seven.*

– BBC

O juiz disse que encontrou uma área de preocupação no relatório que estava **na página** dois, nos parágrafos seis e sete.

62

O QUE É NECESSÁRIO SABER SOBRE AS **TAG QUESTIONS**?

Em inglês, as ***tag questions***, ou ***question tags***, são pequenas perguntas usadas ao final de frases, separadas por vírgula, com o objetivo de buscar uma confirmação da pessoa com quem falamos. Sua formação sempre envolve um *subject pronoun* + uma forma do verbo *to be*, um verbo auxiliar ou um verbo modal.

Via de regra, a *question tag* discorda obrigatoriamente da frase que a precede e, nesse sentido, quando a frase é afirmativa, a *question tag* é negativa e vice-versa. Veja que isso acontece em português também. Compare:

Português	**Inglês**
Você **gosta** dela, **não gosta**?	*You **like** her, **don't** you?*
Você **não gosta** dela, **gosta**?	*You **don't** like her, **do** you?*
Eles **foram** à festa, **não foram**?	*They **went** to the party, **didn't** they?*
Eles **não foram** à festa, **foram**?	*They **didn't** go to the party, **did** they?*

Quando a *tag question* é negativa, ***not*** deve ser contraído com o verbo ou com o auxiliar, ou seja, nunca teremos uma tag como ***is not she?***, ***cannot they?*** ou ***does not he?***, por exemplo.

A tabela abaixo resume o que dissemos até aqui:

Frase afirmativa	***Tag question* negativa**	**Frase negativa**	***Tag question* afirmativa**
is	*isn't*	*isn't*	*is*
are	*aren't*	*aren't*	*are*
was	*wasn't*	*wasn't*	*was*
were	*weren't*	*weren't*	*were*
pres. tense	*don't*	*don't*	*do*
pres. tense 3ps	*doesn't*	*doesn't*	*does*
past tense	*didn't*	*didn't*	*did*
will	*won't*	*won't*	*will*
have (perfect)	*haven't*	*haven't*	*have (perfect)*
has (perfect)	*hasn't*	*hasn't*	*has (perfect)*
had	*hadn't*	*hadn't*	*had*
can	*can't*	*can't*	*can*
could	*couldn't*	*couldn't*	*could*
should	*shouldn't*	*shouldn't*	*should*
etc.	*etc.*	*etc.*	*etc.*

Apesar dessa formação sistemática das *tag questions*, há exceções que precisam ser memorizadas. Por isso, veja detalhadamente o que chamamos de **casos especiais**:

Se na frase, há:		A *tag question* deve ser ou conter:
I am ou *I'm*		***aren't I***
Imperativo afirmativo		***will you*** ***won't you*** **ou *would you***
Imperativo negativo		***will you***
Let's		***shall we***
anybody *anyone* *everybody* *everyone*	*nobody* *no one* *somebody* ou *someone*	***they***
anything *everything*	*nothing* ou *something*	***it***
there is *there are*	*there was* e *there were*	***there***

Exemplos:

*I'm a bit pale today, **aren't I?***
Estou um pouco pálida hoje, **não estou?**

*I am going to drive that new car, **aren't I?***
Eu vou dirigir aquele carro novo, **não vou?**

*Make sure that the kids get safely back, **won't you**?*
Certifique-se de que as crianças voltem em segurança, **tudo bem?**

*Don't tell him, **will you?***
Não conte a ele, **tá bom?**

*Let's forget it, **shall we?***

Vamos esquecer isso, **não é?**

*Nobody had bothered to invite me, **had they?***

Ninguém tinha se importado em me convidar, **tinha?**

*Nothing matters now, **does it?***

Nada importa agora, **importa?**

*Something should be done, **shouldn't it?***

Algo deve ser feito, **não deve?**

*There's a new course out now, **isn't there?***

Tem um novo curso disponível agora, **não tem?**

*There weren't a few items on sale, **were there?***

Não havia itens à venda, **havia?**

APLICAÇÃO

*However, beyond Big Ben, there is a lot to discuss. **Let's** get down to it, **shall we**?*

– SPORTS ILLUSTRATED

No entanto, além do Big Ben, há muito o que discutir. **Vamos** direto ao assunto, **não é**?

*You **haven't seen** this film, **have you**?*

– BRITISH COUNCIL

Você **não viu** esse filme, **viu**?

*"So, **I'm** probably going to eat those words, **aren't I**? Yeah."*

– MERRIAN-WEBSTER

Então, **eu** provavelmente **vou** engolir essas palavras, **não vou**? Sim.

***Nobody** has called for me, **have they**?*

– BRITISH COUNCIL

Ninguém me ligou, **ligou**?

63

OTHER OU **ANOTHER**?

De modo geral, emprega-se ***other*** (= outros, outras) diante de substantivo no plural e ***another*** (= outro, outra) diante de substantivo no singular:

*"Is there **another** book on Biology other than this one"?*
– Há **outro** livro de Biologia além deste aqui?"

*"I'm afraid not, but at that corner you will find **other** books related to the subject."*
"Receio que não, mas naquele canto você vai achar **outros** livros relacionados ao assunto."

Porém, há exceções para essa regra:

a. Se ***other*** não estiver seguido de substantivo, vai para o plural.

*Only half of the players made it to the competition. Where are the **others**?*
Apenas metade dos jogadores chegaram à competição. Onde estão os **outros**?

*I prefer comedy movies. The **others** are boring in my opinion.*
Eu prefiro filmes de comédia. Os **outros** são chatos na minha opinião.

*These t-shirts don't fit me. Do you have any **others**?*
Estas camisetas não me servem. Você tem **outras**?

b. ***Another*** pode aparecer sozinho, sem substantivo após, ou seguido de ***one***, se o contexto deixar claro qual é o termo a que *another (one)* se refere.

*These rolls are delicious. Can I have **another (one)**?*
Esses pãezinhos estão deliciosos. Posso pegar **outro**?

c. ***Another*** pode aparecer com um substantivo no plural em expressões com a palavra ***few*** ou um número.

*I will need **another few days** to finish this project.*
Vou precisar de **mais alguns dias** para finalizar este projeto.

***Another five apples** have ripened in the tree. Let's go get them.*
Mais cinco maçãs amadureceram na árvore. Vamos pegá-las.

APLICAÇÃO

*A local girl is being honored for her courage after police say she was assaulted by a woman and **other** children on a Levittown playground.*
– CBS PHILADELPHIA
Uma garota local está sendo homenageada por sua coragem depois que a polícia diz que ela foi agredida por uma mulher e **outras** crianças em um playground de Levittown.

*Family aims to help **other** families deal with the shocking loss of loved ones.*
– ST. GEORGE NEWS
Família pretende ajudar **outras** famílias a lidar com a perda chocante de entes queridos.

*Texas may be in danger of **another** major energy crisis and widespread power outages this winter, new report warns.*
– BUSINESS INSIDER
Texas pode estar em perigo de **outra** grande crise energética e quedas generalizadas de energia neste inverno, alerta novo relatório.

*The U.S. Must Not Allow Bosnia to Become **Another** Afghanistan.*
– NEWS WEEK
Os EUA não devem permitir que a Bósnia se torne **outro** Afeganistão.

64

OVER OU **ABOVE**?

“Acima” é uma tradução comum a ambas as preposições. Todavia, existem contextos diferentes para o emprego de cada uma. Veja os que consideramos mais importantes.

USOS DE **OVER**

a. Como sinônimo de ***more than*** (“mais de”, para falar de idade, velocidade e quantidade, por exemplo):

*There were **over** 100.000 people at Rock in Rio that day.*
Havia **mais de** 100.000 pessoas no Rock in Rio naquele dia.

*The police said she was driving **over** the speed limit.*
A polícia disse que ela estava dirigindo **acima** do limite de velocidade.

*The police said she was driving at **over** 110mph.*
A polícia disse que ela estava dirigindo a **mais de** 110 milhas por hora.

*You must be **over** 18 to be allowed to enter.*
Você deve ter **mais de** 18 anos para ter permissão de entrar.

O adjetivo ***overage*** significa “maior de idade”:

*He is **overage** already.*
Ele já é **maior de idade**.

---

b. Para mostrar que uma coisa se encontra acima ou por cima de outra, cobrindo-a totalmente, ou ainda que algo está passando por um lugar, de um lado a outro.

The clouds are all ***over*** *the city.*
As nuvens estão todas **acima** da cidade.

Please, put on a coat ***over*** *this dress, because the weather is changing.*
Por favor, vista um casaco **por cima** desse vestido, porque o tempo está mudando.

The plane will be flying ***over*** *Mexico in half an hour.*
O avião estará voando **sobre** o México em meia hora.

USOS DE **ABOVE**

a. Para mostrar que algo não está localizado literalmente acima de um lugar.

I have bought a house ***above*** *the lake.*
Comprei uma casa **acima** do lago.

There is a nice hotel up ***above*** *the woods.*
Há um hotel bacana **acima** da floresta.

b. Para referir-se a unidades de medida como altura e temperatura e, também, para falar de escalas verticais.

The ideal temperature for conservation of these samples is about 10 degrees ***above*** *zero.*
A temperatura ideal para a conservação dessas amostras é cerca de 10 graus **acima** de zero.

Teresópolis is a city located at 900 meters ***above*** *sea level.*
Teresópolis é uma cidade localizada a 900 metros **acima** do nível do mar.

*She is an **above**-average student.*
Ela é uma aluna **acima** da média.

c. Para indicar, em um livro ou jornal, por exemplo, que uma informação se encontra na página precedente ou no início da página atual.

*The **above** page brings an interesting introduction to the topic.*
A página **acima** traz uma introdução interessante ao tópico.

*For the prices and delivery charges, see **above**.*
Para os preços e taxas de entrega, veja **acima**.

*Connecticut is **above** New York on the map.*
Connecticut fica **acima** de Nova Iorque no mapa.

ATENÇÃO ***see over*** significa "veja na página seguinte":

***See over** for the drinks.*
Olhe na página seguinte para ver as bebidas.

APLICAÇÃO

*Can you be arrested for going 10 mph **over** the speed limit?*
– PORT ARTHUR NEWS
Você pode ser preso por andar a 10 mph **acima** do limite de velocidade?

*Chinese hypersonic weapon fired missile **over** South China Sea.*
– FINANCIAL TIMES
Arma hipersônica chinesa disparou míssil **sobre** o Mar da China Meridional.

*Connecticut could conserve land by installing solar **above** parking lots.*
– ENERGY NEWS NETWORK

Connecticut pode conservar o solo instalando energia solar **acima** dos estacionamentos.

Cities in Iowa rank ***above*** *average in human rights campaign index.*

– SIOUXLAND NEWS

Cidades em Iowa estão **acima** da média no índice de campanha de direitos humanos.

65

O VERBO **TO BE** SIGNIFICA APENAS "SER" E "ESTAR"?

O verbo *to be* é geralmente traduzido de duas formas: "ser" ou "estar". É apenas por meio da observação do contexto que você saberá qual é o sentido:

I ***am*** *Daniel.*

Eu **sou** o Daniel.

I ***am*** *here.*

Eu **estou** aqui.

Contudo, a tradução também pode ser "ficar" com os sentidos de "tornar-se" ou "estar localizado", como nas frases abaixo:

Joseph ***was*** *angry when his cell phone fell into a puddle.*

Joseph **ficou** furioso quando o celular dele caiu em uma poça d'água.

Your dad ***will be*** *very proud of you!*

Seu pai **ficará** muito orgulhoso de você!

*I **would be** very grateful if you helped me.*

Eu **ficaria** muito grata se você me ajudasse.

*Memphis **is** in the United States.*

Memphis **fica** nos Estados Unidos.

ATENÇÃO Não confunda o sentido de "ficar" atribuído ao verbo *to be* como visto nas frases acima com o sentido de "ficar" relacionado ao verbo ***to stay***. Neste último caso, trata-se de "ficar" no sentido de "permanecer" ou, ainda, de "hospedar-se" em determinado local:

*I **will stay** here with you, don't worry.*

Ficarei/permanecerei aqui com você, não se preocupe.

*When I travel anywhere, I always **stay** in an Airbnb.*

Quando viajo para qualquer lugar, eu sempre **fico/me hospedo** em um Airbnb.

APLICAÇÃO

*"He is well-respected here at the county Board of Supervisors and I **would be** very happy to have him as our chairman of the board."*

– POST STAR

"Ele é bem respeitado aqui no Conselho de Supervisores do condado e eu **ficaria** muito feliz em tê-lo como nosso presidente do conselho."

*I hope all the fans and everybody who loves the NFL **will be** proud of the game on Sunday.*

– SPORTING NEWS

Espero que todos os fãs e todos que amam a NFL **fiquem** orgulhosos do jogo no domingo.

*"The Queen **Was** 'Surprised' by How Suddenly Kate Middleton and Prince William Announced Their Engagement", Expert Says.*

– MARIE CLAIRE

"A rainha **ficou** 'surpresa' com o quão rápido Kate Middleton e o príncipe William anunciaram seu noivado", diz especialista.

*Tony Romo **Was** Shocked By CBS Announcement On Sunday.*

– THE SPUN

Tony Romo **ficou** chocado com o pronunciamento da CBS no domingo.

66

PASSADO SIMPLES OU PRESENTE PERFEITO?

Tanto o passado simples (*simple past*) quanto o presente perfeito (*present perfect*) são usados, de modo geral, para falar do passado em inglês. Porém, há especificidades que precisam ser bem entendidas para o emprego correto de um ou de outro em determinadas situações. Veja a tabela comparativa a seguir, a qual traz as principais diferenças de uso entre o *present perfect* e *o simple past.*

Present perfect	***Simple past***
1. Quando pensamos no passado e no presente ao mesmo tempo: *I've **studied** a lot to pass the exam.* **Tenho estudado** muito para passar na prova. **Entenda-se:** a prova ainda vai acontecer.	1. Quando pensamos apenas no passado: *I **studied** a lot to pass the exam.* **Estudei** muito para passar na prova. **Entenda-se:** a prova já aconteceu.

2. Quando pensamos em um período de tempo que se prolonga até o momento atual:	2. Quando pensamos em um período de tempo que se encerrou, mesmo que não o mencionemos:
Have you seen *Michael around here?* **Você viu** o Michael por aqui? **Entenda-se:** Michael ainda está no local e pode aparecer.	***Did you see*** *Michael around here?* **Você viu** o Michael por aqui? **Entenda-se:** Michael já foi embora.
3. Quando a frase não traz palavras ou expressões que se referem a um momento específico no tempo em que a ação ocorreu:	3. Quando a frase traz palavras ou expressões que se referem a um momento específico no tempo em que a ação ocorreu:
She ***has arrived****.* Ela **chegou**. *My parents* ***have bought*** *a new car.* Meus pais **compraram** um carro novo. *Aline* ***has moved*** *to São Paulo.* Aline **se mudou** para São Paulo. *My sister* ***has had*** *an accident.* Minha irmã **sofreu** um acidente.	*She* ***arrived*** *this morning.* Ela **chegou** hoje de manhã. *My parents* ***bought*** *a new car last year.* Meus pais **compraram** um carro novo ano passado. *Aline* ***moved*** *to São Paulo in 2010.* Aline **se mudou** para São Paulo em 2010. *My sister* ***had*** *an accident two days ago.* Minha irmã **sofreu** um acidente dois dias atrás.

4. Usado com ***for*** e ***since***, indicando o início do acontecimento, que ainda não se encerrou: *I **have lived** in Teresópolis for 30 years.* Eu **moro** em Teresópolis há 30 anos. *I **have lived** in Teresópolis since 1991.* Eu **moro** em Teresópolis desde 1991.	4. Pode ser usado com ***for*** para indicar a duração que o acontecimento teve no passado: *I **lived** in Teresópolis for 30 years.* Eu **morei** em Teresópolis por 30 anos.

Além dessas diferenças, vale ressaltar também que os advérbios ***lately*** (ultimamente), ***recently*** (recentemente) e ***so far*** (até agora) são empregados apenas com o ***present perfect***.

*I **have been** very tired lately.*
Tenho estado cansado ultimamente.
*Maria **has had** lots of problems recently.*
Maria **teve** muitos problemas recentemente.
*She **has read** half of the book so far.*
Ela **leu** a metade do livro até agora.

APLICAÇÃO

*January 6, 2021, **didn't happen** just to America. It also **happened** to the rest of the world.*

– THE ATLANTIC

O 6 de janeiro de 2021 não **aconteceu** só para a América. Ele **aconteceu** também para o resto do mundo.

*St. Louis man says he **waited** 10 hours for ambulance to arrive for sick brother.*

– FOX

Homem de St. Louis diz que **esperou** 10 horas para ambulância chegar para o irmão doente.

*The Armed Forces **have sent** 200 personnel into NHS hospitals across London to plug staff shortages.*

– BBC

As Forças Armadas **enviaram** 200 pessoas para hospitais do NHS em Londres para suprir a escassez de pessoal.

***Have** you **read** any good books lately?*

– NATIONAL POST

Você **tem lido** algum livro bom ultimamente?

67

PERGUNTAS: **WHAT** OU **WHICH**?

Em perguntas, apesar de terem basicamente a mesma tradução, ***what*** e ***which*** são empregados em contextos distintos. Observe a diferença:

a. ***What*** – "que", "o que", "qual(is)", usado em perguntas abertas, no sentido de possibilitarem ao interlocutor qualquer tipo de resposta:

***What** is your name?*

Qual é o seu nome?

***What** is that?*

Que/o que é aquilo?

***What** kind of movie do you prefer?*

Qual/que tipo de filme você prefere?

b. *Which* – "qual(is)"

Ao contrário de *what*, ***which*** é usado em perguntas fechadas, nas quais há opções (claras ou subentendidas) para que o interlocutor selecione uma ou mais. Trata-se de uma escolha restrita, não aberta. Compare:

What *kind of movie do you prefer?*
Qual/que tipo de filme você prefere?

> A resposta pode ser qualquer tipo de filme. O interlocutor tem liberdade para falar do que quiser.

Which *kind of movie do you prefer, horror or thriller?*
Qual/que tipo de filme você prefere, terror ou suspense?

> A resposta tem que ser terror ou suspense, ou ambos. O interlocutor não tem liberdade para falar do filme que quiser.

Mais exemplos de perguntas formuladas com ***which*** (perceba que o seu uso na pergunta leva à interpretação de que há uma quantidade restrita de opções):

Which *are the most difficult lessons in the book?*
Quais são as lições mais difíceis no livro?
Which *of the two dog breeds are better to live in an apartment?*
Qual das duas raças de cão é melhor para morar em apartamento?

__Which__ season of the year do you recommend me for planting gooseberries?
Qual/que estação do ano você me recomenda para plantar groselha?

É comum o emprego de ***which one(s)***, em um contexto mais informal, em casos como:

*From these bracelets, **which ones** would you buy?*
Dessas pulseiras, **quais** você compraria?

A: "I have finally finished reading one of the books."
A: "Finalmente terminei de ler um dos livros."
*B: "**Which one**?"*
B: "**Qual**?"

APLICAÇÃO

__What__ is the future of shopping malls?
- KXAN
Qual é o futuro dos shoppings?
__What__ is HIIT and How does the training benefit your health?
– THE NEW YORK TIMES
O que é HIIT e como o treino beneficia a sua saúde?
__What__'s the real history of Black Friday?
– HISTORY
Qual é a verdadeira história da Black Friday?
*Retirement vs. College: **Which** Should Be Your Saving Priority?*
– THE MONTLEY FOOL
Aposentadoria vs. faculdade: **qual** deve ser sua prioridade de poupança?
__Which__ monarchs would have lived longer if modern medicine had been available?

– THE GUARDIAN

Quais monarcas teriam vivido mais se a medicina moderna estivesse disponível?

*Apple iPhone 12 vs. iPhone 11: **Which one** is right for you?*

– CNN

Apple iPhone 12 vs. iPhone 11: **qual** é o certo para você?

68

PREFER... THAN OU PREFER... TO?

Assim como a norma culta da língua portuguesa recomenda a preposição "a" após o verbo "preferir" quando se está diante de uma escolha, no inglês formal se usa a preposição ***to*** após o verbo ***prefer***.

> *I **prefer** going by car **to** going on foot.*
> **Prefiro** ir de carro **a** ir a pé.
> *Olivia **prefers** ice-cream **to** popsicles.*
> Olívia **prefere** sorvete **a** picolé.

Desse modo, levando-se em conta o contexto mencionado acima, na norma culta tanto "preferir... do que", em português, quanto ***prefer... than***, em inglês, são construções consideradas gramaticalmente incorretas.

APLICAÇÃO

*PlayStation 5 owners **prefer** boxed games **to** downloads.*

– GAMES INDUSTRY

Proprietários de PlayStation 5 **preferem** jogos em caixa **a** downloads.

MLB owners ***prefer*** *lockout* ***to*** *in-season strike if no deal by Dec. 1, commissioner says.*

– MARKET WATCH

"Os proprietários da MLB **preferem** o bloqueio **à** greve da temporada, se não houver acordo até 1º de dezembro", diz o comissário.

Sixers ***Prefer to*** *Wait to Pursue James Harden.*

– ESPN

Os Sixers **preferem** esperar **a** perseguir James Harden.

I just turned 50 and ***prefer*** *shoveling* ***to*** *using a snow blower.*

– NJ.COM

Acabei de fazer 50 anos e **prefiro** usar uma pá **a** um soprador de neve.

69

PRONOME INTERROGATIVO:

WHO OU **WHOM**?

Em perguntas, ***who*** funciona como sujeito ou objeto (do verbo ou da preposição) da frase:

Who *said that?*

Quem disse isso?

Who *did you meet last night?*

Quem você conheceu ontem à noite?

Who *are you in love with?*

Por **quem** você está apaixonado?

Em contextos formais, ***whom*** só é empregado quando atua como objeto na frase, seja do verbo, seja da preposição:

Whom *did you meet last night?*
Quem você conheceu ontem à noite?
With ***whom*** *are you in love?*
Por **quem** você está apaixonado?

Perceba que a preposição aparece ao final da frase quando há *who* e vem obrigatoriamente antes de *whom*:

Who *are you taking about?*
About ***whom*** *are you talking?*
De **quem** você está falando?

FUNÇÃO DE SUJEITO E DE OBJETO

A função de sujeito do pronome interrogativo é identificada quando ele é seguido por verbo na forma afirmativa. Estando o verbo no *simple present*, a conjugação será feita na terceira pessoa do singular (ou seja, com o acréscimo de *-**s*** ou *-**es***):

Who *care**s** about it?*
Quem liga para isso?
Who *called you?*
Quem te ligou?

Na função de objeto, o pronome interrogativo é seguido por uma estrutura de pergunta, ou seja, por verbo na forma interrogativa:

***Who** did you make a deal with?*

*With **whom** did you make a deal?*

Com **quem** você fez um acordo?

***Who(m)** will you invite?*

Quem você vai convidar?

APLICAÇÃO

***Who** was Demaryius Thomas?*

– USA TODAY

Quem foi Demaryius Thomas?

***Who** cares about toilets in health-care facilities?*

– WORLD HEALTH ORGANIZATION

Quem se preocupa com os sanitários nas instalações de saúde?

*To **whom** do women's bodies belong?*

– ALJAAZERA

A **quem** pertencem os corpos das mulheres?

*Spying on **whom**?*

– NZ HERALD

A **quem** espiar?

70

PRONOME PESSOAL: SUJEITO OU OBJETO?

Os pronomes pessoais podem exercer duas funções em uma frase: sujeito, por meio dos *subject pronouns*, ou objeto, expresso pelos *object pronouns.*

Veja os ***subject pronouns***, ou pronomes pessoais do caso reto, usados, via de regra, antes do verbo, nesta tabela:

Pessoa	Pronome	Tradução
1ª singular	*I*	*eu*
2ª singular	*you*	*tu, você*
3ª singular	*he*	*ele*
	she	*ela*
	*It**	*ele/ela*
1ª plural	*we*	*nós*
2ª plural	*you*	*vós, vocês*
3ª plural	*they*	*eles/elas*

* Para detalhes sobre o uso do pronome it, consulte a dúvida **24**.

Os ***object pronouns***, ou pronomes pessoais oblíquos, usados, via de regra, após o verbo ou preposição, são vistos a seguir:

Pessoa	Pronome	Tradução
1ª singular	*me*	*me, mim*
2ª singular	*you*	*o, a, te, ti, a você, lhe*
3ª singular	*him*	*se, si, o, lhe,*
	her	*se, si, a, lhe*
	it	*se, si, o, a, lhe*
1ª plural	*us*	*a nós, nos*
2ª plural	*you*	*a vós, a vocês, vos, lhes*
3ª plural	*them*	*se, si, os, as, lhes*

APLICAÇÃO

***It** was with mild skepticism that **I** curiously flipped through the pages of a book **he** was reading for the club that **he** had left unguarded on the kitchen table.*

– NATIONAL POST

Foi com um leve ceticismo que **eu** curiosamente folheei as páginas de um livro que **ele** estava lendo para o clube e o qual deixou jogado na mesa da cozinha.

But ***they*** *have to let* ***you*** *know who* ***they*** *are.*

– WALL STREET JOURNAL

Mas **eles** têm que deixar **você** saber quem **eles** são.

Why homelessness is still with ***us****?*

– FINANCIAL TIMES

Por que a falta de moradia ainda está **conosco**?

"He didn't want to tell ***me*** *anything".*

– ABC NEWS

"Ele não queria **me** dizer nada."

My wife doesn't know what my old friend told ***me*** *about* ***her****.*

– THE MERCURY NEWS

Minha esposa não sabe o que meu velho amigo **me** disse sobre **ela**.

71

PRONOMES RELATIVOS:

WHO, **WHOM**, **WHICH** OU **THAT**?

Os pronomes relativos ***who***, ***whom***, ***which*** e ***that*** têm os seguintes empregos:

a. ***Who*** e ***whom*** só podem ser usados para fazer referência a pessoas.
b. ***Which*** só pode ser usado para fazer referência a não pessoas (coisas e animais em geral).
c. ***That*** pode fazer referência a pessoas e não pessoas, sem problemas.

Vejamos algumas frases-exemplo:

*A person **who/that** is loyal is not easily found nowadays.*
Uma pessoa **que** é leal não é facilmente encontrada hoje em dia.

*Cinthia is the girl **whom/that** I invited to sing at the party.*
Cinthia é a garota **que** eu convidei para cantar na festa.

*The knob of the door **which/that** is broken also needs some repair.*
A maçaneta da porta **que** está quebrada também precisa de conserto.

*The dog **which/that** they rescued is way better today.*
O cão **que** eles resgataram está bem melhor hoje.

ATENÇÃO 1 O pronome relativo ***who*** pode ser usado quando funcionar sintaticamente tanto como sujeito quanto como objeto da oração; ao passo que ***whom*** somente pode ser usado quando sua função for a de objeto. Veja a seguir como descobrir se a função do pronome relativo é de sujeito ou objeto.

a. O pronome relativo na função de **sujeito** é seguido por verbo:

*The child **who/that** is sleeping is my daughter.*
A criança **que** está dormindo é minha filha.

Nessa frase, *whom* não pode ser usado.

*The bears **which/that** live in the zoo are fed four times a day.*
Os ursos **que** moram no zoológico são alimentados quatro vezes ao dia.

b. O pronome relativo na função de **objeto** é seguido por substantivo ou pronome:
*Carrie is so proud of the daughter **who/whom/that** she raised.*

Carrie está tão orgulhosa da filha **que** ela criou.

*The carrots **which/that** Frank cooked taste great!*

As cenouras **que** o Frank fez estão ótimas!

ATENÇÃO 2 Quando o pronome relativo se refere a uma pessoa e o verbo da frase pede preposição, emprega-se ***whom*** após a preposição (objeto da preposição) e ***who*** quando a preposição estiver após o verbo que a rege.

*He is a person with **whom** I cannot deal.*

*He is a person **who** I cannot deal with.*

Ele é uma pessoa com **quem** não consigo lidar.

IMPORTANTE Após preposição, não se usa o pronome relativo ***that***. Seu uso na primeira frase incorreria em erro gramatical.

ATENÇÃO 3 Na função de **objeto**, os pronomes relativos ***who(m)***, ***which*** e ***that*** podem ser omitidos:

Carrie is so proud of the daughter Ø she raised.

Carrie está tão orgulhosa da filha **que** ela criou.

The carrots Ø Frank cooked taste great!

As cenouras **que** o Frank fez estão ótimas!

WHICH RETOMANDO UMA IDEIA

Veja a seguinte frase:

> Ela ficou em primeiro lugar no concurso,
> **o que** deixou a família dela orgulhosa.

Veja que "o que" retoma um fato, uma ideia: ela ter ficado em primeiro lugar no concurso. Porém, embora *what* signifique "o que", a regra em inglês é sempre usar ***which*** para retomar não um item específico, mas uma ideia inteira expressa na oração que antecede o pronome relativo. Nesse sentido, a frase fica assim em inglês:

> *She got the first place in the contest,*
> ***which*** *made her family proud.*

APLICAÇÃO

Kelly Ridle, a friend of Osteen ***who*** *created a GoFundMe page to raise money for Jayce's future, shared the news that the infant would be adopted by a "close family member".*

– NBC NEWS

Kelly Ridle, uma amiga de Osteen **que** criou uma página do GoFundMe para arrecadar dinheiro para o futuro de Jayce, compartilhou a notícia de que o bebê seria adotado por um "membro próximo da família".

She finally visited the coffee shop ***that*** *had such great reviews.*

– GRAMMARLY

Ela finalmente visitou o café **que** teve ótimas críticas.

We met somebody last night ***that*** *did the speech therapy course two years after you.*

– CAMBRIDGE

Conhecemos alguém ontem à noite **que** fez o curso de fonoaudiologia dois anos depois de você.

*The system, **which** was used by criminals across the world, was infiltrated by law enforcement in Europe **who** then passed the information to UK authorities.*

– BBC

O sistema, **que** era usado por criminosos em todo o mundo, foi infiltrado pela polícia na Europa, **que** então passou a informação para as autoridades britânicas.

*I had an uncle in Germany, from **whom** I inherited a bit of money.*

– BRITISH COUNCIL

Eu tinha um tio na Alemanha de **quem** herdei um pouco de dinheiro.

72

QUAIS SÃO AS REGRAS ESSENCIAIS DE CONCORDÂNCIA?

Concordância nominal e verbal em língua inglesa é um assunto que precisa de bastante atenção, pois suas regras não são exatamente as mesmas do português. Dedicaremos a maior parte deste tópico à concordância verbal (entre sujeito e verbo), porém há um ponto importante sobre a concordância nominal (entre substantivo e adjetivo) sobre o qual não podemos deixar de falar e, portanto, começaremos com ele.

CONCORDÂNCIA NOMINAL

Diferentemente do português, o adjetivo em inglês é invariável e, por isso, não apresenta variação em gênero (masculino e feminino) e número (singular e plural). Além disso, o adjetivo é, em geral, anteposto ao substantivo. Vejamos:

*We'll need to renovate the **ancient** house we bought.*
Precisaremos reformar a casa **antiga** que compramos.

*We'll need to renovate the **ancient** houses we bought.*
Precisaremos reformar as casas **antigas** que compramos.

*The **smiling** boy gave me a rose.*
O menino **sorridente** me deu uma rosa.

*The **smiling** boys gave me a rose.*
Os meninos **sorridentes** me deram uma rosa.

ATENÇÃO Cuidado com a armadilha em ***sports car*** (= carro esporte), em que o plural do adjetivo está correto. Trata-se de uma exceção. Chama-se de *sports car* um veículo de tamanho pequeno – como Lamborghini Aventador, Mazda MX-5 e Porsche 911 –, que possui apenas dois assentos e duas portas, e atinge altas velocidades rapidamente. Não confunda *sports car* com *race car* (sendo esse último um carro para corrida de Fórmula 1). O plural de *sports car* é ***sports cars.***

CONCORDÂNCIA VERBAL

Vejamos algumas regras de concordância entre sujeito e verbo no inglês, as quais não podem ser negligenciadas.

REGRA 1 CONCORDÂNCIA COM SUJEITO SIMPLES

Quando o sujeito (sublinhado) é simples, o verbo (em negrito) concorda com ele:

> *The museum* ***opens*** *at 10 o'clock.*
> *Both museums* ***open*** *at 10 o'clock.*
> *She always* ***watches*** *the nine o'clock news.*
> *They always* ***watch*** *the nine o'clock news.*

Informações que aparecem entre o núcleo do sujeito e o verbo (incluindo as iniciadas por *in addition to*, *along with*, *together with*, *as well as*, *except* and *including*) não interferem na concordância. Nas frases a seguir, tais informações aparecem riscadas de modo a facilitar a compreensão:

High levels ~~of Mercury~~ ***occur*** *in some fish.*
Food ~~between the teeth~~ ***leads*** *to decay.*
St. Thomas, ~~along with St. Croix and St. John~~, ***is*** *part of the U.S. Virgin Islands.*

REGRA 2 CONCORDÂNCIA COM SUJEITO COMPOSTO

Quando o sujeito é composto e seus núcleos são conectados com a conjunção ***and***, o verbo fica no plural:

*Adriana **and** Priscila **share** a room.*
*You **and** I **are** not friends anymore.*
*My cat, my dog **and** my tortoise **were** born in the same year.*

Quando o sujeito é composto e seus núcleos são conectados com a conjunção ***or***, o verbo concorda com o núcleo mais próximo:

*The mayor **or** the council members **meet** with community groups.*
*The council members **or** the mayor **meets** with community groups.*

REGRA 3 CONCORDÂNCIA COM SUJEITO FORMADO POR SUBSTANTIVO COLETIVO

Quando o sujeito é formado por um substantivo coletivo, o verbo fica no singular:

*The team **practices** five days a week.*
*My family **is** everything to me.*

REGRA 4 CONCORDÂNCIA COM SUJEITO FORMADO POR PRONOME INDEFINIDO

Quando o sujeito é formado por um pronome indefinido (aqui nos restringimos às formas compostas de ***some***, ***any***, ***no*** e ***every***, como ***somebody***, ***no one***, ***anywhere***, ***everything*** etc.), o verbo fica no singular:

No one ***likes*** *getting up early.*
Everyone ***likes*** *to sleep late.*
Somebody ***is*** *at the door.*

REGRA 5 CONCORDÂNCIA COM **THERE TO BE**

A construção verbal ***there to be*** (haver, existir), quando conjugada, pode estar no singular ou no plural, dependendo do número do substantivo que a sucede:

There ***is*** *one student in my class today.*
(= One student ***is*** *in my class today.)*

There ***are*** *five students in my class today.*
(= Five students ***are*** *in my class today.)*

73

QUAIS SÃO AS REGRAS PARA A SEPARAÇÃO SILÁBICA EM INGLÊS?

Este é um assunto bastante extenso, por isso abordaremos apenas as regras gerais para a separação silábica em inglês. Antes disso, deve ficar claro que as regras de separação de sílabas em inglês e em português compartilham diferenças, devido às características fonológicas de cada língua. Portanto, muita atenção.

a. Consoantes duplicadas devem ser separadas sempre. Exemplos:
*ra**b**-**bi**t, le**t**-**te**r, co**m**-**m**a, ra**p**-**p**ort, ha**p**-**p**y, hu**r**-**r**y etc.*

b. Prefixos e sufixos formam sílabas independentes. Exemplos:
***hap**-pi-ness, **a**-part, **pre**-school, **un**-paid,*
*slow-**ly**, snob-b-**ish**, e-quip-**ment** etc.*

c. Palavras compostas serão sempre separadas entre as duas palavras individuais. Exemplos:
green-house, boy-friend, class-room, break-fast,
snow-ball, some-times, bull-dog etc.

d. Quando ***le*** em final de palavra é precedido de consoante, a consoante e ***le*** formam sílaba. Exemplos:
*ap-**ple**, ta-**ble**, la-**dle**, cud-**dle**, man-**tle**, stum-**ble**, trou-**ble** etc.*

Exceção a essa regra: a terminação ***ckle*** deve ser separada em duas sílabas. Exemplos:

*ta**ck**-**le**, pi**ck**-**le**, ti**ck**-**le**, fi**ck**-**le**, su**ck**-**le**, bu**ck**-**le*** etc.

---

e. Quando ***le*** em final de palavra é precedido de vogal, não há separação silábica. Exemplos:
***ale**, sc**ale**, s**ale**, f**ile**, t**ile** etc.*

f. Quando uma consoante aparece entre duas vogais, a decisão quanto à separação silábica vai depender da característica da vogal que precede a consoante:

Se a vogal antes da consoante é longa, a consoante faz sílaba com a vogal que a sucede. Exemplos:

*b**a**-by, **i**-vy, r**e**-sult, fr**o**-zen, c**u**-pid, K**a**-te, b**i**-te etc.*

Se a vogal antes da consoante é curta, a consoante faz sílaba com a vogal que a precede. Exemplos:

*m**et**-al, r**iv**-er, m**od**-el, v**al**-ue, r**av**-age, c**av**-ern etc.*

Vogais longas têm sua pronúncia mais prolongada, com uma maior duração, em relação às vogais curtas. Uma forma de identificar uma vogal longa pode ser feita ao se observar a transcrição fonológica da palavra em dicionários, nos quais a vogal longa aparece seguida de dois-pontos (:). Para ilustrar, veja um exemplo de vogal longa em uma transcrição extraída do *Cambridge Dictionary Online* (https://dictionary.cambridge.org/pt/):

moose – /muːs/

A diferença entre vogais longas e curtas é importante no inglês de modo a evitar problemas de comunicação ou mal-entendidos. Compare:

sheet – /ʃiːt/ x ***shit*** – /ʃit/
sheep – /ʃiːp/ x ***ship*** – /ʃɪp/
beach – /biːtʃ/ x ***bitch*** – /bɪtʃ/
beat – /biːt/ x ***bit*** – /bɪt/
bee – /biː/ x ***be*** – /bɪ/

Deve-se ressaltar que a identificação de uma vogal longa não se resume à presença dos dois-pontos na transcrição fonológica, necessitando-se de um estudo mais aprofundado sobre o assunto.

g. Não se separam duas consoantes distintas que formam um único som (dígrafos). Exemplos:
*di**ph**-**th**ong, **ph**o-to, **ch**ur**ch**, **wh**ite, wat**ch**-ing, fa-**th**er, **sh**ower etc.*

h. Toda sílaba deve conter uma vogal. Exemplos:
***u**-n**i**t, **a**n-**i**-m**a**l, j**e**t, n**a**p-k**i**n, f**a**n-t**a**s-t**i**c etc.*

74

QUAIS SÃO OS PREFIXOS E SUFIXOS MAIS RECORRENTES?

Ressaltamos que é importante aprender o maior número de afixos (prefixos e sufixos) possível, visto que eles, sem dúvida, contribuem para a expansão do vocabulário. Porém, existem alguns afixos que são bastante frequentes, cujo estudo recomendamos que seja priorizado, e cuja escolha é subjetiva, pautando-se em nossa experiência. Nesse sentido, seguem abaixo duas listas, com prefixos e sufixos acompanhados de seus sentidos subjacentes e seguidos de afixos equivalentes em português, quando houver.

PREFIXOS			
Prefixo	**Sentido**	**Exemplos**	**Equivalente em português**
dis-	oposição	*discover, distrust, disadvantage, disagree, dislike, dislocate, disappear etc.*	**des-**
im-	não	*immortal, immature, immoral, impatient, imperfect, immobile etc.*	**i-, im-**
ir-	não	*irregular, irresponsible, irrational, irrelevant, irresistible, irrefutable etc.*	**ir-**
post-	*após, depois*	*postgraduate, postwar, postcard, postpone, post-revolution, postparty etc.*	**pós-**
pre-	antes, anterior	*preschool, prepaid, prefix, predetermine, preview, preheat etc.*	**pré, pre-**
re-	repetição	*redo, reassure, restudy, rebuild, remake, readjust, rewrite etc.*	**re-**
self-	por si mesmo, de si mesmo, para si mesmo	*self-taught, self-help, self-esteem, self-control, self-analysis, self-sufficient etc.*	na maioria das vezes, o equivalente será **auto-**
un-	oposição	*unhappy, unable, unlocked, unmotivated, unfair, unexpected, unacceptable etc.*	na maioria das vezes, o equivalente será **in-**

SUFIXOS			
Sufixo	**Sentido**	**Exemplos**	**Equivalente em português**
-***able***	formador de adjetivos a partir de verbos	*suitable, adorable, profitable, memorable, curable, considerable etc.*	-**ável**
-***ation***	formador de substantivos a partir de verbos	*association, formation, occupation, violation, separation, reservation, accusation etc.*	na maioria das vezes, o equivalente será -**ação**
-***ible***	formador de adjetivos a partir de verbos	*accessible, edible, flexible, visible, audible, incredible etc.*	-**ível**
-***ify***	formador de verbos	*purify, justify, modify, classify, notify, qualify etc.*	na maioria das vezes, o equivalente será -**ificar**
-***less***	formador de adjetivos. Sentido: "sem"	*priceless, jobless, countless, speechless, restless, topless etc.*	**não há equivalente em português**
-***ly***	formador de advérbios de modo a partir de adjetivos	*truly, completely, kindly, lately, slowly, casually, seriously etc.*	-**mente**
-***ment***	formador de substantivos a partir de verbos	*payment, encouragement, movement, investment, equipment, development etc.*	na maioria das vezes, o equivalente será -**mento**

75

QUAL É A DIFERENÇA ENTRE **STATIVE VERBS** E **DYNAMIC VERBS**?

Não é qualquer verbo terminado em *-**ing*** que pode participar de estruturas de tempo contínuo, formadas com o verbo *to be* (consulte as dúvidas **38** e **82** para entender mais). E é aí que entram os ***stative verbs***, ou verbos estativos, e os ***dynamic verbs***, ou verbos dinâmicos.

STATIVE VERBS

São verbos que, em geral, denotam estados, sentimentos, emoções, condições, sensações etc., os quais estão em andamento, perdurando por um período de tempo indefinido e, portanto, não acontecem e terminam em um momento específico, com começo e fim. Por isso, do ponto de vista gramatical, não participam de estruturas que denotam tempos contínuos (verbo *to be* conjugado + verbo terminado em *-ing*), como o *present continuous/progressive*. Exemplos:

> *I **remember** her face now.*
> (correto)
> Eu **me lembro** do rosto dela agora.
>
> *I'**m remembering** her face now.*
> (incorreto)
> Eu **estou me lembrando** do rosto dela agora.

O quadro a seguir traz uma lista com alguns *stative verbs*.

admire	*despise*	*include*	*owe*	*seem*
adore	*detest*	*interest*	*own*	*sound*
appear	*dislike*	*involve*	*please*	*stop*
astonish	*envy*	*keep*	*possess*	*suppose*
be	*exist*	*know*	*prefer*	*surprise*
believe	*fit*	*lack*	*reach*	*survive*
belong to	*forget*	*last*	*realize*	*suspect*
concern	*hate*	*like*	*recognize*	*think*
consist of	*have*	*look like*	*remember*	*understand*
contain	*hear*	*love*	*resemble*	*want*
deserve	*imagine*	*matter*	*satisfy*	*weigh*
desire	*impress*	*mean*	*see*	*wish*

DYNAMIC VERBS

Diferentemente dos *stative verbs*, os verbos dinâmicos fazem referência a **ações** e **atividades** que geralmente ocorrem em um período de tempo delimitado, com começo, meio e fim. Por isso, podem participar de estruturas de tempo contínuo/em andamento. Exemplos:

*He **narrates** the soccer match.*

(correto)
Ele **narra** a partida de futebol.

*He **is narrating** the soccer match.*

(correto)
Ele **está narrando** a partida de futebol.

O quadro a seguir traz uma lista com alguns *dynamic verbs.*

abandon	*drink*	*learn*	*read*	*tap*
arrive	*eat*	*leave*	*record*	*throw*
ask	*fall*	*listen*	*run*	*travel*
beg	*fix*	*look at*	*say*	*type*
bend	*go*	*lose*	*sell*	*wash*
build	*grow*	*mix*	*sing*	*watch*
buy	*help*	*narrate*	*sit*	*whisper*
call	*hit*	*nod*	*sleep*	*widen*
change	*jump*	*organize*	*slice*	*wink*
cook	*kick*	*paint*	*slow down*	*work*
deteriorate	*knock*	*pull*	*speak*	*wring*
die	*land*	*push*	*talk*	*write*

VERBOS ESTATIVOS E DINÂMICOS AO MESMO TEMPO

É importante saber que há alguns casos nos quais um mesmo verbo pode ser ora *stative*, ora *dynamic*. Isso ocorre porque, dependendo do contexto, o verbo pode assumir mais de um significado, resultando em interpretações diferentes. Destacamos os exemplos a seguir.

HAVE

*I **have** an old car.* (***stative*** – posse)

Eu **tenho** um carro antigo.

*I'm **having** a quick break.* (***dynamic*** – atividade)

Estou **fazendo** uma pausa rápida.

SEE

*I **see** what you mean.* (***stative*** – *see* = entender)

Eu **entendo** o que você quer dizer.

*The doctor is **seeing** a patient now.* (***dynamic*** – *see* = atender, cuidar de)

O médico está **atendendo** um paciente agora.

BE

*He**'s** selfish!* (***stative*** – qualidade permanente)

Ele **é** egoísta!

*He's **being** selfish.* (***dynamic*** – comportamento temporário)

Ele está **sendo** egoísta!

TASTE

*This coffee **tastes** delicious.* (***stative*** – percepção)

Esse café **tem um gosto** delicioso.

*Look! The chef is **tasting** the soup.* (***dynamic*** – atividade)

Olha! O chefe está **provando** a sopa.

THINK

*I **think** Mary is Canadian, but I'm not sure.* (***stative*** – ter opinião)

Eu **acho** que a Mary é canadense, mas não tenho certeza.

*I am **thinking** about what happened.* (***dynamic*** – refletir, considerar)

Estou **pensando** sobre o que aconteceu.

APLICAÇÃO

*Did We **Forget** To Give Young People A Remote Working Playbook For Their First Job?*

– FORBES

Esquecemos de dar aos jovens uma cartilha de trabalho remoto para seu primeiro emprego?

*"On the one hand, it's a story of a bunch of outlets **being** forced to close down", he said.*

– CNN

"Por um lado, é a história de um monte de meios de comunicação **sendo** forçados a fechar", disse ele.

*"I **want** it to be normal for people to feel their emotions instead of feeling like they **have** to put a mask on all day and just **carry** those heavy emotions with them."*

– FREMONT TRIBUNE

"Eu **quero** que seja normal para as pessoas sentirem suas emoções, em vez de sentirem como se elas **tivessem** que colocar uma máscara o dia todo e simplesmente **carregarem** aquelas emoções pesadas com elas."

*What's **happening** is that we're **distorting** our experience, **jumping** to conclusions, mind **reading**, and **going** to the worst-case scenario.*

– HARVARD HEALTH PUBLISHING

O que está **acontecendo** é que estamos **distorcendo** nossa experiência, **tirando** conclusões precipitadas, **lendo** mentes, e **indo** para o pior cenário.

76

QUAL É A DIFERENÇA ENTRE SUBSTANTIVOS CONTÁVEIS E INCONTÁVEIS?

Os **substantivos contáveis** são aqueles tratados como unidades individuais e, por isso, podem ser facilmente contados. Com base nisso, essa categoria de substantivos compreende as seguintes características:

a. Um substantivo contável pode ir para o plural, assim como os verbos e pronomes que o acompanham.

b. Quando no singular, um substantivo contável deve ser acompanhado de determinantes*, como o artigo definido (*the*), o indefinido (*a*/*an*), *another, every, this, these, that, those* etc.

c. Um substantivo contável pode ser acompanhado de numerais.

d. Quando no plural, um substantivo contável pode ser usado com diversos quantificadores** (*some, any, a lot of, lots of, plenty, all, most (of), no, neither, every, enough* etc.)

* O uso de um determinante é opcional com os substantivos contáveis no plural, sendo dispensável quando se quer atribuir um sentido geral ao substantivo: *This movie is not suitable for children.*

** Quantificadores como *how many, many, too many, a few, few, a number of, several, a couple of* e *none of* têm uso restrito apenas aos substantivos **contáveis**.

Exemplos:

How many *cousins do you have?*
Quantos primos você tem?

A *girl is outside calling you.*
Uma menina está lá fora te chamando.

The *purpose of* ***this*** *interview is to know more about your life goals.*
A finalidade **desta** entrevista é saber mais sobre seus objetivos de vida.

I've adopted ***two*** *dogs.*
Eu adotei **dois** cachorros.

Os **substantivos incontáveis**, por sua vez, não podem ser individualizados e, por conseguinte, numerados, uma vez que refletem conceitos mais gerais, como qualidades, substâncias, processos etc. Com base nisso, essa categoria de substantivos compreende as seguintes características:

a. Um substantivo incontável não vai para o plural.

b. O único artigo usado com um substantivo incontável é apenas o definido, *the*, além de outros determinantes, como *this* e *that*.

c. Um substantivo incontável pode estar acompanhado de expressões partitivas* (*a piece of, a cup of, a bite of* etc.).

d. Um substantivo incontável pode vir acompanhado de quantificadores** como *some, any, a lot of, lots of, plenty, all, most (of), no, neither, every, enough* etc.

* A lista de expressões partitivas é imensa; por isso, recomendamos uma busca na internet. Basta procurar por "expressões partitivas empregadas com substantivos incontáveis em inglês".

** Quantificadores como *how much, much, too much, a little, little* e *an amount of* têm uso restrito apenas aos substantivos **incontáveis**.

Exemplos de substantivos incontáveis
advice (conselho), ***baggage*** (bagagem), ***bread*** (pão), ***cash*** (dinheiro), ***fruit*** (fruta), ***furniture*** (mobília), ***hair*** (cabelo), ***homework*** (dever de casa), ***information*** (informação), ***knowledge*** (conhecimento), ***love*** (amor), ***money*** (dinheiro), ***news*** (notícia), ***rice*** (arroz), ***violence*** (violência), ***weather*** (tempo, clima) etc.

Exemplos:

Could you get me ***some*** *water, please?*
Você poderia me trazer **uma** água, por favor?

These pieces of *information are valuable.*
Essas informações são valiosas.

There is not ***much*** *dirt in here. I'll sweep the floor only tomorrow, then.*
Não tem **muita** sujeira aqui dentro. Eu vou varrer o chão apenas amanhã, então.

I need ***a little*** *air outside to feel better.*
Preciso de **um pouco de** ar lá fora para me sentir melhor.

APLICAÇÃO

Forty-three fishing ***licences*** *given to French vessels for Guernsey waters.*

– BBC

Quarenta e três **licenças** de pesca concedidas a navios franceses para as águas de Guernsey.

While ***homicides*** *and* ***shootings*** *have increased in many* ***parts*** *of the country, the vast majority of those* ***crimes*** *are handled by state and local* ***authorities****, not the federal government.*

– NPR

Embora os **homicídios** e **tiroteios** tenham aumentado em muitas **partes** do país, a grande maioria desses **crimes** são tratados pelas **autoridades** estatais e locais, não pelo governo federal.

How Much Risk *Do Synthetic Food Dyes Actually Pose to Your Health?*

– SCIENCE ALERT

Quanto risco os corantes alimentares sintéticos realmente oferecem para a sua saúde?

*We spend **too much time** asking lazy **questions** and not enough **time** strategizing the best **questions**.*

– FAST COMPANY

Nós passamos **muito tempo** fazendo **perguntas** preguiçosas e não dispomos de **tempo** suficiente para estrategiar as melhores **perguntas**.

77

QUAL É A POSIÇÃO DO ADVÉRBIO EM UMA FRASE?

O advérbio serve para modificar ou ampliar o sentido de uma palavra (em geral, verbo, adjetivo ou outro advérbio) ou até mesmo de uma frase inteira. Dessa forma, uma vez que um advérbio traz uma informação extra, podendo ser retirado do enunciado sem deixar uma lacuna semântica, sua posição geralmente não é fixa, ou seja, ele pode "caminhar" pela frase sem causar estranhamento ao leitor/ouvinte. Vejamos isso na prática com o advérbio ***yesterday*** (ontem), exemplificando as três posições que os advérbios da língua inglesa podem, via de regra, ocupar:

Posição inicial:

***Yesterday**, I went to the dermatologist's.*
Ontem, eu fui ao dermatologista.

Posição medial:

*I went, **yesterday**, to the dermatologist's.*
Eu fui, **ontem**, ao dermatologista.

Posição final:

I went to the dermatologist's ***yesterday****.*
Eu fui ao dermatologista **ontem**.

Contudo, nem sempre essa "caminhada" é livre, podendo ser limitada devido ao tipo de advérbio, à estrutura da frase, ou ainda, à possibilidade de haver mais de um advérbio em sequência. Por isso, selecionamos seis regras que julgamos fundamentais para que você comece a empregar essa classe de palavras corretamente. Vejamos quais são.

a. Em meio de frase, advérbios de frequência indefinida (*always, never, sometimes, usually, seldom* etc.) e outros normalmente são colocados após o verbo ***to be*** e antes dos demais verbos:

Sarah was ***always*** *on TV.*
A Sarah estava **sempre** na TV.

Are you ***often*** *around here?*
Você está **frequentemente** por aqui?

Do you ***usually*** *go to work on foot?*
Você **geralmente** vai para o trabalho a pé?

We ***never*** *travel alone.*
Nunca viajamos sozinhos.

b. Em meio de frase, advérbios de frequência indefinida (*always, never, sometimes, usually, seldom* etc.) e outros são posicionados após verbos auxiliares:

They have ***never*** *come to my place.*
Eles **nunca** vieram à minha casa.

He was ***definitely*** *trying to impress you.*
Ele estava **com certeza** tentando te impressionar.

I will ***probably*** *get home late today.*

Eu **provavelmente** vou chegar em casa tarde hoje.

I can ***almost*** *see my school from here.*

Eu **quase** posso ver minha escola daqui.

c. Não se recomenda colocar um advérbio entre o verbo e seu objeto:

I ***normally*** *have headaches on hot days.*

~~*(I have* ***normally*** *headaches on hot days.)*~~

Eu **normalmente** tenho dores de cabeça em dias quentes.

Brenda speaks English ***fluently****.*

~~*(Brenda speaks* ***fluently*** *English.)*~~

Brenda fala inglês **fluentemente**.

d. Quando há dois advérbios em sequência em uma frase, há três ordens possíveis, levando-se em conta o sentido de cada advérbio:

Ordem 1: **Modo** – **Tempo** (para memorizar: **MaTo**)

I have worked ***hard lately****.*

Tenho trabalhado **duro ultimamente**.

Ordem 2: **Lugar** – **Tempo** (para memorizar: **LaTa**)

She came ***here yesterday****.*

Ela veio **aqui ontem**.

Ordem 3: **Lugar** – **Modo** (para memorizar: **LaMa**)

She came ***here in a hurry.***

Ela veio **aqui apressadamente**.

e. Em geral, quando há três advérbios ao final de uma frase, a posição deles segue a sequência **Modo** – **Lugar** – **Tempo** (para memorizar:

MaLeTa). Os advérbios em sequência tendem a se limitar a três, visto que muitos advérbios seguidos podem prejudicar a compreensão.

He was working ***quietly in the shed all day.***

M L T

Ele estava trabalhando **em silêncio na cabana o dia todo.**

f. Quando os advérbios acompanham um verbo de movimento (como *go*, *travel*, *walk*, *run*, *put* etc.), a ordem passa a ser **Lugar** – **Modo** – **Tempo** (para memorizar: **LiMiTe**).

He went ***to the drugstore by bus two hours ago****.*

L M T

Ele foi **à drogaria de ônibus há duas horas.**

APLICAÇÃO

It is not true to say they ***never*** *win.*

– THE PALM BEACH POST

Não é verdadeiro dizer que eles **nunca** ganham.

Why the Marquis' legacy is ***seldom*** *challenged?*

– THE LAFAYETTE

Por que o legado de Marquis é **raramente** desafiado?

I think the market has been ***highly*** *reactive* ***lately****.*

– THE MONTLEY FOOL

Eu acho que o mercado tem estado **altamente** reativo **ultimamente.**

His job evaporated with the lockdowns, and ***consequently*** *so did his accommodation.*

– THE GUARDIAN

O seu trabalho evaporou-se com os confinamentos, e **consequentemente** o seu alojamento também.

QUAL É A ORDEM DOS ADJETIVOS EM UMA FRASE?

Em inglês, quando vários adjetivos aparecem antes de um substantivo a fim de descrevê-lo, eles devem ser colocados em uma ordem mais ou menos fixa, não sendo permitida uma organização aleatória. Dizemos "ordem mais ou menos fixa", pois estamos falando de uma área da gramática que não oferece uma regra definitiva, absoluta, 100% confiável, que dê conta da organização dos adjetivos que precedem um substantivo em todos os casos, independentemente do número de adjetivos que antecedam um substantivo. No entanto, existem algumas sugestões de ordenação dos adjetivos que podem ajudar professores e alunos em muitas situações. Uma dessas sugestões é a memorização da palavra **OSASCOMP**, na qual cada letra significa:

***O**pinion*	Opinião *(beautiful, crazy, fantastic etc.)*
***S**ize*	Tamanho *(tall, large, tiny etc.)*
***A**ge*	Idade *(old, young etc.)*
***S**hape*	Forma *(square, round etc.)*
***C**olor*	Cor *(yellow, pink, black etc.)*
***O**rigin*	Origem *(American, Brazilian, African etc.)*
***M**aterial*	Material *(wooden, leather, polyester etc.)*
***P**urpose*	Finalidade *(swimming, sports, writing etc.)*

Veja alguns exemplos:

*We bought a **new round kitchen** table.*
age, shape, purpose
Nós compramos uma mesa **de cozinha redonda** e **nova.**

*It's a **long, narrow, plastic** brush.*
size, shape, material
É uma escova de **plástico fina** e **longa.**

*A **big round pink plastic** ball.*
size, shape, color, material
Uma bola **de plástico rosa redonda** e **grande.**

*She was a **beautiful, tall, young, black-haired, Scottish** woman.*
opinion, size, age, color, origin
Ela foi uma mulher **escocesa de cabelos pretos, jovem, alta** e **linda.**

Apesar de não existir uma sequência completamente fixa para a posição dos adjetivos, o renomado linguista Michael Swan, entre outros, nos diz que **SASCOM (*size-age-shape-color-origin-material*)** é uma sequência bastante frequente, a qual pode ser complementada, como na palavra **OSASCOMP** que sugerimos aqui.

ATENÇÃO 1 Lembre-se de que a tradução da ordem adjetivo(s) + substantivo em inglês deve ser feita, para o português, de trás para frente, começando sempre com o substantivo:

*My **adorable** and **young** friend.*
Minha amiga **jovem** e **adorável.**

ATENÇÃO 2 Adjetivos iniciados com ***a***- são usados principalmente após verbos de ligação, especialmente o verbo *be* (outros verbos de ligação são: *seem*, *look*, *appear*, *feel* etc.). Alguns exemplos de adjetivos iniciados com ***a***-: *ablaze, afloat, afraid, alight, alike, alive, alone, asleep, awake*. Compare os pares de frases abaixo:

*The baby is **asleep**.*	*The guy was **afraid**.*	*Mark feels **alone**.*
*The **sleepy** baby.*	*The **frightened** guy.*	*The **lonely** man.*
(~~*The **asleep** baby*~~)	(~~*The **afraid** guy*~~)	(~~*The **alone** man*~~)

APLICAÇÃO

*Although it only won garden town status in 2017, Aylesbury has a **long** and **varied** history stretching back to the iron age.*

- BBC

Embora só tenha conquistado o status de cidade jardim em 2017, Aylesbury tem uma história **variada** e **longa** que remonta à idade do ferro.

*Houston Humane Society has a **new adorable** pup you can adopt and she's named Betty White.*

- CLICK 2 HOUSTON

A sociedade humana de Houston tem um filhote **adorável** e **novo** que você pode adotar, e ela se chama Betty White.

*It was made of a **strange**, **green**, **metallic** material.*

- CAMBRIDGE

Era feito de um material **metálico, verde e estranho.**

*We rode in a **comfortable**, **luxurious** limousine.*

- GRAMMARLY

Nós andamos em uma limosine **luxuosa** e **confortável**.

79

RATHER THAN OU **INSTEAD OF**?

Ambos têm a mesma tradução: "em vez de" ou "ao invés de". Contudo, o uso de ***rather than*** é mais indicado em situações formais, enquanto ***instead of*** tem emprego em contextos menos formais e, portanto, é mais comum vê-lo. Além disso, deve-se observar o seguinte:

a. O verbo que segue ***rather than*** deve estar no infinitivo sem a partícula *to*:

I'd like to stay home today ***rather than*** *go out. I am swamped with work to do.*
Eu gostaria de ficar em casa hoje **em vez de** sair. Estou atolada de trabalho para fazer.

b. O verbo que segue ***instead of*** sempre termina em -***ing***, uma vez que essa é a forma verbal a ser empregada após uma preposição (***of***):

I'd like to stay home today ***instead of*** *going out. I am swamped with work to do.*
Eu gostaria de ficar em casa hoje **em vez de** sair. Estou atolada de trabalho para fazer.

E como se diz "em vez disso"? ***Rather*** ou ***instead***, observando-se a diferença de formalidade que os distingue, já mencionada antes:

I had planned to study this afternoon; ***rather****, I binge-watched Outlander.*

*I had planned to study this afternoon; **instead**, I binge-watched Outlander.*

Eu tinha planejado estudar hoje à tarde; **em vez disso**, maratonei Outlander.

APLICAÇÃO

*Nearly half of Kansans would choose to drive **rather than** walk 5 minutes according to recent study.*

– WIBW

Quase metade dos kansans preferiria dirigir **em vez de** caminhar 5 minutos, de acordo com um estudo recente.

*Researchers at the National Institutes of Health have discovered a therapy that targets host cells **rather than** bacterial cells in treating bacterial pneumonia in rodents.*

– NATIONAL INSTITUTES OF HEALTH

Pesquisadores do National Institutes of Health descobriram uma terapia que visa usar células hospedeiras **em vez de** células bacterianas no tratamento de pneumonia bacteriana em roedores.

*But the knee-jerk response to invest in police **instead of** kids is happening all over the state, as schools struggle to return to "normal" without proper supports for kids.*

– NYCLU

Mas a reação automática de investir na polícia **em vez de** em crianças está acontecendo em todo o estado, à medida que as escolas lutam para voltar ao "normal" sem o apoio adequado para as crianças.

*A trip to Switzerland in search of a good death: "All this **instead of** just doing it in Brighton".*

– THE GUARDIAN

Uma viagem à Suíça em busca de uma boa morte: "Tudo isso **em vez de** simplesmente fazê-lo em Brighton".

80

SEE YOU NEXT WEEK

OU

SEE YOU IN THE NEXT WEEK?

Em inglês, não se usa preposição antes de diversas expressões temporais iniciadas com ***next***, ***last***, ***this***, ***that***, ***one***, ***every***, ***each***, ***some***, ***any***, ***all*** etc. Na tradução para o português, a preposição pode ou não aparecer. Veja os exemplos a seguir para entender melhor.

See you ***next Monday****.*
Te vejo **n**a próxima segunda.

The meeting will be ***this week.***
A reunião acontecerá **n**esta semana.

Remember when we met ***that afternoon****?*
Lembra quando nos conhecemos **n**aquela tarde?

Where were you ***last Friday****?*
Onde você estava **na** sexta passada?

You can come ***any day*** *you like.*
Você pode vir **em** qualquer dia que preferir.

It happened ***one Thursday*** *in April.*
Isso aconteceu **em** uma quinta-feira em abril.

The wedding party lasted ***all night****.*
A festa de casamento durou **a** noite toda.

Além disso, verbos de movimento como ***go*** e ***travel***, por exemplo, não recebem a preposição ***to*** quando seguidos das formas compostas ***somewhere***, ***anywhere***, ***nowhere*** e ***everywhere***, ou também de palavras como ***home***, ***downtown***, ***there***, ***abroad***, ***upstairs***, ***downstairs*** e ***underground***, indicativas de lugar. Na tradução para o português, há preposição normalmente (a, para).

*Let's go **somewhere** so you can get your head together.*

Vamos **a** algum lugar para que você consiga esfriar a cabeça.

*I was 26 when I traveled **abroad** for the first time.*

Eu tinha 26 anos quando viajei **para** fora do país pela primeira vez.

*He went **downtown** for groceries.*

Ele foi **a**o centro para fazer compras.

*Sara is **upstairs**. Go **there**.*

Sara está **n**o andar de cima. Vai **para** lá.

*I've decided to move my shelf **downstairs**.*

Decidi mudar minha estante **para** o andar de baixo.

*I'll take the kids **home** now. It's almost dinner time.*

Vou levar as crianças **para** casa agora. É quase hora do jantar.

Portanto, para dizer "Nos vemos na semana que vem", a forma correta é ***See you next week***, sem a preposição ***in***.

APLICAÇÃO

*San Diego Unified superintendent finalists will be revealed **next week**.*

– THE SAN DIEGO UNION-TRIBUNE

Finalistas do superintendente unificado de San Diego serão revelados **na próxima semana.**

*What does outcast Prince Andrew do **all day**?*

– DAILY MAIL

O que o excluído Príncipe Andrew faz **o dia todo**?

*Is it time to plan those big trips **abroad**?*

– CNBC

É hora de planejar grandes viagens **ao exterior**?

*"Should I go **home** or should I go **somewhere** else?"*

– WSLS

"Devo ir **para casa** ou devo ir **para algum** outro **lugar**?"

81

SO DO I, NEITHER CAN SHE...

O QUE É ISSO?

Você provavelmente já deve ter visto a construção ***so do I*** em resposta a um comentário na forma afirmativa como ***I study in the morning***. O que essa frase curta quer dizer? ***So do I*** significa "Eu também", e você pode estar se perguntando por que se usa ***so do***. Isso ocorre pois ***I study in the morning***, além de ser uma frase afirmativa (justificando ***so***), encontra-se no *simple present* (o que explica o emprego do auxiliar ***do***, fazendo referência ao sujeito ***I***). Por outro lado, é possível ouvir alguém dizendo ***I'm not hungry now*** e, em seguida, alguém comentar ***Neither am I***. Uma vez que o comentário está na forma negativa, a resposta a ele se inicia com ***neither***, acompanhado do verbo *to be*. Assim, ***Neither am I*** significa "Eu também não", ou "Nem eu".

Seguindo essa lógica, o tipo de frase (afirmativa ou negativa), bem como o tipo e o tempo verbal do comentário determinarão como a resposta curta a ele será construída. Dito isso, neste tópico iremos mostrar possibilidades de respostas curtas empregadas com o intuito de mostrarmos ao nosso interlocutor que o que foi dito por ele se aplica igualmente a nós ou a outras pessoas.

CONCORDANDO COM NOSSO INTERLOCUTOR: FORMA AFIRMATIVA

De modo geral, a estrutura da resposta curta é:

So	+	verbo *to be* ou verbo auxiliar ou verbo modal	+	sujeito (nome ou pronome)

Preste atenção a cada comentário abaixo e suas respectivas respostas, observando como o tipo de verbo se repete:

Peter ***is*** *at the library.* Peter está na biblioteca.	*So* ***is*** *she.* Ela também.
*Michael****'s*** *going out soon.* Michael vai sair em breve.	*So* ***am*** *I.* Eu também.
*Brenda like****s*** *wholegrain bread.* Brenda gosta de pão integral.	*So* ***does*** *my sister.* Minha irmã também.
Julia ***went*** *to the movies yesterday.* Julia foi ao cinema ontem.	*So* ***did*** *we.* Nós também.
She ***was*** *at the office.* Ela estava no escritório.	*So* ***were*** *they.* Eles também.
*They****'ve*** *been to Austria.* Eles estiveram na Áustria.	*So* ***have*** *Chris and I.* Chris e eu também.

*Mike **will** be at the pub later.* Mike estará no pub mais tarde.	*So **will** Edward.* Edward também.
*He **would** like a cup of coffee.* Ele gostaria de uma xícara de café.	*So **would** I.* Eu também.
*Ester **can** speak Italian.* Ester pode falar italiano.	*So **can** he.* Ele também.

Há também a possibilidade de substituir cada uma das respostas curtas acima pela estrutura formada por:

Sujeito (nome ou pronome)	+	**verbo *to be* ou verbo auxiliar ou verbo modal**	+	***too***

Vejamos, então:

*So **is** she. / She **is**, too.*
Ela também.

*So **am** I. / I **am**, too.*
Eu também.

*So **does** my sister. / My sister **does**, too.*
Minha irmã também.

*So **did** we. / We **did**, too.*
Nós também.

*So **were** they. / They **were**, too.*
Eles também.

*So **have** Chris and I. / Chris and I **have**, too.*
Chris e eu também.

*So **will** Edward. / Edward **will**, too.*

Edward também.

*So **would** I. / I **would**, too.*

Eu também.

*So **can** he. / He **can**, too.*

Ele também.

Me either e ***me too*** são opções mais informais para "Eu também" e poderiam ser usadas para concordar com qualquer uma das respostas anteriores.

CONCORDANDO COM NOSSO INTERLOCUTOR: FORMA NEGATIVA

De modo geral, a estrutura da resposta curta é:

Neither	+	**verbo *to be* ou verbo auxiliar ou verbo modal**	+	**sujeito (nome ou pronome)**

Preste atenção a cada comentário abaixo e suas respectivas respostas, observando como o tipo de verbo se repete:

*Peter **isn't** at the library.* Peter não está na biblioteca.	*Neither **is** she.* Ela também não. / Nem ela.

*Michael's **not** going out soon.* Michael não vai sair logo.	*Neither **am** I.* Eu também não. / Nem eu.
*Brenda **doesn't** like wholegrain bread.* Brenda não gosta de pão integral.	*Neither **does** my sister.* Minha irmã também não. / Nem minha irmã.
*Julia **did not** go to the movies yesterday.* Julia não foi ao cinema ontem.	*Neither **did** we.* Nós também não. / Nem nós.
*She **wasn't** at the office.* Ela não estava no escritório.	*Neither **were** they.* Eles também não. / Nem eles.
*They **haven't** been to Austria.* Eles não estiveram na Áustria.	*Neither **have** Chris and I.* Chris e eu também não. / Nem Chris e eu.
*Mike **will not** be at the pub later.* Mike não estará no pub mais tarde.	*Neither **will** Edward.* Edward também não. / Nem Edward.
*He **wouldn't** like a cup of coffee.* Ele não gostaria de uma xícara de café.	*Neither **would** I.* Eu também não. / Nem eu.
*Ester **can't** speak Italian.* Ester não pode falar italiano.	*Neither **can** he.* Ele também não. / Nem ele.

Nos exemplos anteriores, ***neither*** pode ser substituído por ***nor***, porém essa última forma vem caindo em desuso.

Há também a possibilidade de substituir cada uma das respostas curtas pela estrutura formada por:

Sujeito (nome ou pronome)	+	verbo *to be* ou verbo auxiliar ou verbo modal na forma negativa	+	*either*

Vejamos, então:

*Neither **is** she. / She **isn't** either.*
Ela também não. / Nem ela.

*Neither **am** I. / **I'm not** either.*
Eu também não. / Nem eu.

*Neither **does** my sister. / My sister **doesn't** either.*
Minha irmã também não. / Nem minha irmã.

*Neither **did** we. / We **didn't** either.*
Nós também não. / Nem nós.

*Neither **were** they. / They **weren't** either.*
Eles também não. / Nem eles.

*Neither **have** Chris and I. / Chris and I **haven't** either.*
Chris e eu também não. / Nem Chris e eu.

*Neither **will** Edward. / Edward **won't** either.*
Edward também não. / Nem Edward.

*Neither **would** I. / I **wouldn't** either.*
Eu também não. / Nem eu.

*Neither **can** he. / He **can't** either.*
Ele também não. / Nem ele.

Me neither é uma opção mais informal para "Eu também não" ou "Nem eu" e poderia ser usada para concordar com qualquer uma das respostas.

APLICAÇÃO

*You don't want to go there, and **neither do I**.*

– HOUSTON CHRONICLE

Você não quer ir lá e **eu também não**.

*I always appreciate the private comfort – and **so does Jill**.*

– THE WHITE HOUSE

Eu sempre aprecio o conforto privado – e **a Jill também**.

*The robins can't sleep with these lights – and **neither can I**.*

– THE GUARDIAN

Os tordos não conseguem dormir com essas luzes – e **nem eu**.

*I never learned to swim and **neither did they**.*

– COLLINS DICTIONARY

Eu nunca aprendi a nadar e **nem eles**.

*I'm not making any New Year's resolutions this year, and guess what? **Neither should you.***

– GLAMOUR

Eu não fiz nenhuma promessa de fim de ano, e adivinha só? **Você também não deveria**.

*Sheila was nowhere to be found. And **neither was my dad.***

– METRO

Sheila não estava nem perto de ser encontrada. E **nem o meu pai**.

*He is a phenomenal elbow pull-up shooter, and **so is Sahvir**.*

– UK ATHLETICS

Ele é um arremessador *pull-up* fenomenal, e **Sahvir também**.

"We had gas masks we took out, and I looked at one fellow who was I think a 16-year veteran of the chamber, and I said, 'did you know that there

were gas masks underneath there', and he said, 'no, man, ***I didn't either****'"*, *said Fallon.*

– NBC NEWS

"Tínhamos máscaras de gás que tiramos, e eu olhei para um cara que era um veterano da câmara de 16 anos e disse, 'você sabia que havia máscaras de gás lá embaixo, e ele disse, 'não, cara, **eu também não'"**, disse Fallon.

As More Teachers' Unions Push for Remote Schooling, Parents Worry. ***So Do Democrats****.*

– THE NEW YORK TIMES

À medida que mais sindicatos de professores pressionam pelo ensino remoto, os pais se preocupam. **Os democratas também.**

82

SÓ O VERBO EM -**ING** INDICA TEMPO CONTÍNUO?

Muito cuidado com a forma verbal terminada em -***ing***, a qual pode ter uma das seguintes classificações de acordo com o seu uso em uma frase:

a. **Gerúndio (*gerund*):** o verbo em -*ing* que pode ser usado como um substantivo, assumindo as funções de sujeito ou de objeto, por exemplo:

__Smoking__ is harmful to your health.

Fumar é prejudicial à sua saúde.

A good recipe is the result of ***choosing*** *good ingredients and* ***following*** *the steps correctly.*

Uma boa receita é o resultado de **escolher** bons ingredientes e **seguir** as etapas corretamente.

*I hate **getting up** early.*
Eu odeio **levantar** cedo.

O gerúndio, portanto, nada tem a ver com tempo verbal.

b. **Particípio presente (*present participle*):** o verbo em *-ing* que pode ser usado como um adjetivo, um verbo ou parte de uma locução verbal que forma os tempos contínuos (*present continuous*, *past continuous*, *future continuous*, *present perfect continuous* etc.).

É importante ressaltar que, apesar do adjetivo "presente" em "particípio presente", nem todos os verbos em *-ing* serão usados necessariamente para fazer essa referência temporal.

*A **crying** baby.*
Um bebê **chorão**.

***Opening** the box, he smiled.*
Ao abrir a caixa, ele sorriu.

*Amanda **is fixing** dinner.*
Amanda **está fazendo** o jantar.

Agora que as diferenças de uso do verbo em *-ing* foram estabelecidas, voltemos à dúvida exposta no início deste tópico: "Só o verbo em *-ing* indica tempo contínuo?". Com base no que foi explicado, a resposta é não. Como vimos, os tempos contínuos são estruturas formadas pelo verbo ***to be*** conjugado em algum tempo verbal + o **particípio presente**, que é o verbo em *-ing*. Isso explica os diferentes nomes atribuídos aos tempos contínuos:

Presente contínuo: verbo *to be* no **presente** + *present participle*

*He **is teaching**.*

Ele **está ensinando**.

Passado contínuo: verbo *to be* no **passado** + *present participle*

*He **was teaching**.*

Ele **estava ensinando**.

Futuro contínuo: verbo *to be* no **futuro simples** + *present participle*

*He **will be teaching**.*

Ele **estará ensinando**.

Presente perfeito contínuo: verbo *to be* no **presente perfeito** + *present participle*

*He **has been teaching**.*

Ele **esteve ensinando**.

Entre outros.

APLICAÇÃO

*Environment Canada warns of rapidly **changing** conditions amid winter storms.*

– CASTANET

Environment Canada alerta para **mudanças** rápidas em meio a tempestades de inverno.

*"They **are looking** forward to **getting back** to work, **being** with close friends and loved ones and want to focus on the positive."*

– E! NEWS

"Eles **estão** ansiosos para **voltar** ao trabalho, **estar** com amigos próximos e entes queridos e querem se concentrar no lado positivo."

*"Mr. Anderson, it seems that you**'ve been living** two lives."*

– NPR

"Sr. Anderson, parece que você **esteve vivendo** duas vidas."

*The racist 1890 law that**'s** still **blocking** thousands of Black Americans from voting.*

– THE GUARDIAN

A lei racista de 1890 que ainda **está bloqueando** o voto de milhares de americanos negros.

83

STILL OU **YET**?

Traduzidos de modo geral como "ainda", os advérbios ***still*** e ***yet*** ocupam posições diferentes em uma frase. Vejamos os contextos:

Still é empregado no meio da frase. Para verificar de que forma um advérbio ocupa essa posição, consulte a dúvida **77**.

*He's **still** sleeping.*

Ele **ainda** está dormindo.

*I'm **still** hungry.*

Eu **ainda** estou com fome.

*Do you **still** teach there?*

Você **ainda** dá aula lá?

*She **still** goes to Spanish classes twice a week.*

Ela **ainda** vai às aulas de espanhol duas vezes por semana.

*Other than a good salary, the job can **still** give you a lot of experience.*

Além de um bom salário, o emprego pode **ainda** te dar muita experiência.

Com o sentido de “ainda”, ***yet*** é empregado majoritariamente no final de frases negativas. Pode também aparecer em frases afirmativas.

*Not **yet**.*

Ainda.

*I haven’t had time to visit them **yet**.*

Eu não tive tempo de visitá-los **ainda**.

*I am not ready **yet**.*

Não estou pronta **ainda**.

*There’s a lot to do **yet**.*

Há muito a se fazer **ainda**.

Para ver o uso de ***yet*** em perguntas, consulte a dúvida **6**.

APLICAÇÃO

*Berlin’s troubled Brandenburg Airport **still** in crisis one year after opening.*

– CNN

O conturbado Aeroporto de Berlim-Brandemburgo, **ainda** em crise, um ano após inauguração.

*Tornadoes: devastating but **still** not well understood.*

– PHYS.ORG

Tornados: devastadores, mas **ainda** não bem compreendidos.

“*We haven’t done anything **yet**.*”

– WINNIPEG SUN

“Nós **ainda** não fizemos nada.”

“*We haven’t played our best hockey **yet***”, *says Devon Toews.*

– MILE HIGH SPORTS

“Não jogamos nosso melhor hóquei **ainda**”, diz Devon Toews.

84

SUBSTANTIVOS TERMINADOS EM CONSOANTE + **Y** SEMPRE FAZEM O PLURAL EM **-IES**?

Normalmente aprendemos que substantivos terminados em consoante + *y* fazem o plural em -***ies***, como nos exemplos:

Singular	Plural	Significado
*activi**ty***	*activit**ies***	atividade(s)
*ba**by***	*bab**ies***	bebê(s)
*bel**ly***	*bell**ies***	barriga(s)
*bul**ly***	*bull**ies***	agressor(es)
*coun**try***	*count**ries***	país(es)
*du**ty***	*dut**ies***	dever(es), obrigação(ões)
*ene**my***	*enem**ies***	inimigo(s)
*f**ly***	*fl**ies***	mosca(s)
*la**dy***	*lad**ies***	senhora(s)
*libra**ry***	*libra**ries***	biblioteca(s)
*po**ny***	*pon**ies***	pônei(s)
*pop**py***	*popp**ies***	papoula(s)
*responsibili**ty***	*responsibilit**ies***	responsabilidade(s)
*secreta**ry***	*secreta**ries***	secretária(s)
*s**ky***	*sk**ies***	céu(s)
*s**py***	*sp**ies***	espião(ões)
*sto**ry***	*sto**ries***	história(s)
*stu**dy***	*stud**ies***	estudo(s)
*s**ty***	*st**ies***	chiqueiro(s), pocilga(s)
*theo**ry***	*theo**ries***	teoria(s)

Contudo, existe uma exceção a essa regra. Com substantivos próprios terminados em consoante + *y*, o plural será feito apenas com ***-s***. Alguns exemplos:

Singular	Plural
*Am**y***	*Amy**s***
*Blackbe**rry***	*Blackberry**s***
*Hello Ki**tty***	*Hello Kitty**s***
*Ju**ly***	*July**s***
*Kenne**dy***	*Kennedy**s***

Cuidado para não confundir as formas de plural quando a palavra estiver sendo usada como substantivo comum ou como substantivo próprio. Por exemplo, se estivermos nos referindo a mais de uma amora (fruta), diremos *blackberr**ies***. Porém, se pluralizarmos o nome da marca, o resultado é *Blackberry**s***.

APLICAÇÃO

*I considered suspending my **studies** after every semester but dropped the idea after consulting my mother and other seniors.*

– THE STAR

Considerei suspender os meus **estudos** após cada semestre, mas abandonei a ideia depois de consultar a minha mãe e outros idosos.

*To avoid electoral disaster Biden needs **enemies**, not friends.*

– THE HILL

Para evitar um desastre eleitoral, Biden precisa de **inimigos**, não de amigos.

*No child should be denied life **opportunities** because they live in poverty.*

– POLITICS HOME

A nenhuma criança deveriam ser negadas **oportunidades** de vida por viverem na pobreza.

*Why are some QAnon factions obsessed with Dallas and the **Kennedys**?*
– DALLAS NEWS
Por que algumas facções de QAnon estão obcecadas por Dallas e os **Kennedys**?

85

SUBSTITUTE WITH OU **SUBSTITUTE FOR**?

Em português, quando vamos substituir uma coisa por outra, a substituição ocorre seguindo o modelo **A por B**, como no exemplo:

> A nutricionista pediu que eu substituísse o **leite integral** pelo **leite desnatado**.

Ou seja, o leite desnatado **(B)** entra no lugar do leite integral **(A)**. Logo, retira-se **A** para dar lugar a **B**. Porém, em inglês, "substituir por" pode ser ***substitute with*** ou ***substitute for***, e o uso de uma preposição ou de outra após o verbo implica uma ordem diferente dos elementos envolvidos na substituição quando traduzimos a frase. Vejamos:

Substitute A with B (= retira-se **A** para dar lugar a **B**)

*You can **substitute** butter **with** margerine.*
Você pode **substituir** a manteiga **pela** margarina.

> ***Substitute with*** é sinônimo de ***replace with*** (= substituir por), que é a forma mais comum.

Perceba que, na tradução, "manteiga" precede "margarina" mantendo a mesma ordem em que seus equivalentes em inglês se encontram: *butter* (manteiga) e *margerine* (margarina). Tenha atenção redobrada agora com a tradução da mesma frase que, desta vez, traz a preposição ***for*** após o verbo ***substitute***:

Substitute A with B (= retira-se **B** para dar lugar a **A**)

*You can **substitute** butter **for** margerine.*
Você pode **substituir** a margarina **pela** manteiga.

Substitute for é a construção mais usada por falantes nativos de inglês e, assim, quando eles a empregam, o sentido veiculado é sempre o de "colocar **A** no lugar de **B**". Ou seja, a informação nova (o que substitui) sempre vem antes da informação velha (o que é substituído). O contrário acontece conosco, falantes nativos de português: a informação antiga precede a nova quando falamos em substituição. Por isso, torna-se mais fácil e faz mais sentido para nós empregarmos ***substitute with*** ou ***replace with*** em vez de ***substitute for***. Veja mais dois exemplos e a diferença semântica que os envolve:

*We **substitute** pizza **for** vegetables as our dinner.*
Entenda-se: vamos comer pizza em vez de legumes no jantar.
*We **substitute** pizza **with** vegetables as our dinner.*
Entenda-se: vamos comer legumes em vez de pizza no jantar.

Note como a interpretação muda. Portanto, se você escolher empregar a preposição ***for*** após o verbo ***substitute***, tenha certeza do que quer dizer para não causar equívocos ou problemas de comunicação. Por via das dúvidas, de modo a não correr riscos, aposte em ***substitute with/ replace with***, se você ainda não tiver muita segurança.

APLICAÇÃO

*I use that recipe but **substitute** wheat-free flour **for** regular flour.*

– CAMBRIDGE

Eu uso aquela receita, mas **substituo** farinha normal **por** farinha sem trigo.

*You can **substitute** soya milk **for** dairy milk.*

– EMPHASIS

Você pode **substituir** leite integral **por** leite de soja.

*All efforts must be made to help particularly farmers **substitute** methyl bromide **with** less dangerous substances.*

– EUROPEAN COMMISION

Todos os esforços devem ser feitos para ajudar particularmente os agricultores a **substituírem** o brometo de metila **por** substâncias menos perigosas.

*I took out the words "he" and "his" and **substituted** them **with** "they" and "their".*

– CAMBRIDGE

Eu peguei as palavras "ele" e "dele" e as **substituí por** "eles/elas" e "deles/delas".

86

THAN I OU THAN ME?

Than é visto como uma preposição e, para a norma culta do inglês, preposições são seguidas de pronomes pessoais oblíquos (*object pronouns*):

*Susan likes strawberry pies more than **me**.*

Susan gosta de tortas de morango mais do que **eu**.

Essa frase poderia ser interpretada também como:

Susan likes strawberry pies more than [she likes] ***me****.*
Susan gosta de tortas de morango mais do que [ela gosta] de **mim**.

Por outro lado, há gramáticas que consideram ***than*** como uma conjunção e, segundo esse ponto de vista, conjunções são seguidas por pronomes pessoais do caso reto (*subject pronouns*):

Susan likes strawberry pies more than ***I****.*
Susan gosta de tortas de morango mais do que **eu**.

Essa frase poderia ser interpretada também como:

Susan likes strawberry pies more than ***I*** *[do].*
Susan gosta de tortas de morango mais do que **eu** [gosto].
Susan likes strawberry pies more than ***I*** *[like strawberry pies].*
Susan gosta de tortas de morango mais do que **eu** [gosto de tortas de morango].

Contudo, atenção: perceba que, no grau comparativo do adjetivo, em que uma característica é posta em cotejo entre dois indivíduos (o que não ocorre nas frases acima), a norma culta recomenda o uso do ***subject pronoun*** após a conjunção ***than***, pelo fato de o verbo estar implícito após o pronome que, portanto, funciona como sujeito:

My husband is shorter than ***I*** *[am].*
Meu marido é mais baixo do que **eu** [sou].

Nesse contexto, o uso do *object pronoun* após ***than*** é visto como informal:

My husband is shorter than ***me****.*
Meu marido é mais baixo do que **eu**.

APLICAÇÃO

*"I hope one day he finds a manager who plays him more **than me**."*

– THE ATHLETICS

"Espero que um dia ele encontre um gerente que o compreenda mais **do que eu**."

*Rafael Nadal was just way better **than me.***

– TENNIS WORLD

Rafael Nadal era muito melhor **do que eu.**

*Taylor Swift, rerecording albums to own her masters, is infinitely more punk rock **than I** am.*

– USA TODAY

Taylor Swift, regravando álbuns para obter seu mestrado, é infinitamente mais punk rock **do que eu** sou.

*Anita is more qualified **than I** am.*

– THE EDITORS MANUAL

Anita é mais qualificada **do que eu** sou.

87

THINK OF OU **THINK ABOUT**?

Embora uma tradução comum às duas construções possa ser "pensar em", usamos ***think about*** quando estamos pensando a respeito de algo repetidas vezes, ou seja, ***think about*** envolve uma reflexão, uma ponderação, um pensamento mais duradouro, podendo se estender por dias.

> *Let me **think about** it carefully.*
>
> Deixe-me **pensar n**isso com calma.

*Have you **thought about** the proposal yet?*
Você já **pensou n**a proposta?
*I've been **thinking about** you lately.*
Estive **pensando em** você ultimamente.

Por outro lado, ***think of*** é o ato de pensar em algo de forma repentina. Usamos ***think of*** quando nos lembramos de algo "de cabeça", "do nada", para atender a uma necessidade momentânea. Por isso, não depende de tempo, reflexão ou consideração sobre o assunto. Nesse sentido, além de "pensar em", ***think of*** pode ser traduzido como "lembrar", "imaginar", entre outras possibilidades.

*Can you **think of** someone who does the job?*
Você consegue **pensar em** alguém que faz o trabalho?
*I can't **think of** their address now.*
Não consigo **me lembrar d**o endereço deles agora.
*We **thought of** a good plan!*
Pensamos em um bom plano!

APLICAÇÃO

*"To be a leader in this space, you have to **think about** innovation and scale."*
– RECHARGE
"Para ser um líder neste espaço, você tem que **pensar em** inovação e escala."
***Think about** less damaging gifts for Christmas.*
– TRIBUNE-REVIEW
Pense em presentes menos prejudiciais para o Natal.
*People **think of** diving and they **think of** coral reefs and colourful fish.*
– THE IRISH TIMES
As pessoas **pensam em** mergulhar e **imaginam** recifes de corais e peixes coloridos.

*Stop and **think of** others before posting words of hate.*

– THE COURIER

Pare e **pense n**os outros antes de postar palavras de ódio.

88

TO: MARCA DE INFINITIVO OU PREPOSIÇÃO?

Uma dificuldade gramatical muito comum é saber se a partícula ***to*** exerce a função de preposição ou se atua como uma marca de infinitivo antes de um verbo em uma frase (lembre-se que, em português, um verbo no infinitivo termina em -**ar**, -**er** ou -**ir**). Normalmente, ***to*** entre dois verbos mostra que o segundo deles está no infinitivo. Exemplos:

*I wanted **to make** progress in my studies.*

Eu queria **fazer** progresso nos meus estudos.

*I like **to dry** my hair by using a hair dryer.*

Eu gosto de **secar** meu cabelo com um secador.

*Do you guys wish **to spend** the night here?*

Vocês desejam **passar** a noite aqui?

*My daughter will need **to leave** class early today.*

Minha filha precisará **sair** da aula mais cedo hoje.

*We don't have **to blame** ourselves.*

Nós não temos que nos **culpar**.

Porém, há vários contextos em que ***to*** atua como uma preposição e, para diferenciá-la do ***to*** infinitivo, é necessário conhecer os contextos e memorizá-los. Uma das formas de reconhecer a função prepositiva é verificar se, após o ***to***, há um verbo no gerúndio (terminado em -***ing***). Se isso acontecer, ***to*** é uma preposição, pois, segundo uma regra essencial na gramática da língua inglesa, todo verbo que segue preposição deve estar no gerúndio.

Existem expressões que terminam com a preposição ***to*** e, portanto, quando seguidas de verbo, este aparece no gerúndio. Trazemos algumas delas a seguir. É importante notar que o gerúndio após preposição em inglês é traduzido para o português como um verbo no infinitivo (terminado em -**ar**, -**er** ou -**ir**).

Be/Get used to – estar acostumado(a) a
*I **am used to** waking up early.*
Estou acostumada a acordar cedo.

Get around to – Arranjar tempo para
*I'll **get around to** cleaning my room.*
Vou **arrumar tempo para** limpar meu quarto.

Look forward to – Estar ansioso(a) para
*She **looks forward to** meeting you.*
Ela **está ansiosa para** conhecer você.

Prefer... to – Preferir... a
*I **prefer** staying home **to** going out today.*
Eu **prefiro** ficar em casa **a** sair hoje.

Object to – Fazer objeção a
*Do you **object to** working on Sundays?*
Você **faz objeção a** trabalhar nos domingos?

In addition to – Em adição a; além de

***In addition to** being late, are you also complaining?*

Além de estar atrasado, você ainda está reclamando?

Due to/Owing to – Devido a

*He's sprained his ankle **due to** making a lot of effort.*

Ele torceu o tornozelo **devido a** fazer muito esforço.

APLICAÇÃO

"*We Wanted **to Redeem** Ourselves.*"

– HOLLYWOOD REPORTER

Nós queríamos nos **redimir**.

*In NYC, employers could soon have **to list** salary ranges on job postings.*

– THE LILY

Em Nova York, empregadores podem, em breve, ter que **listar** faixas salariais em anúncios de emprego.

*What's it really like **to be** a guest in the First Dates restaurant?*

– METRO

O que realmente significa **ser** um convidado no resturante First Dates?

*What are you **looking forward to** doing in 2022?*

– TULSAKIDS

O que você **está ansioso para** fazer em 2022?

"*We have players who have important qualities, but we need to give them time to **get used to** playing under pressure.*"

– FOOTBALL ITALIA

"Nós temos jogadores que possuem qualidades importantes, mas nós precisamos dar a eles tempo para **se acostumarem a** jogar sob pressão."

89

TO OU **FOR**?

A dúvida acerca do uso das preposições ***to*** e ***for*** é, com certeza, uma das mais frequentes dentro do estudo do inglês. Contudo, não existe uma regra ou uma dica definitiva que sirva para você aprender a empregar essas preposições de vez nos inúmeros contextos em que aparecem.

Diante disso, a forma mais eficiente de você internalizar as diferenças é por meio da leitura constante em diversas fontes, da prática frequente por meio de exercícios e, o que consideramos fundamental, da adoção de um caderno destinado ao registro de tudo aquilo que você considera importante, especialmente os assuntos que lhe trazem maior dificuldade de compreensão, permitindo que você possa revisar suas anotações sempre que necessário.

Como já dissemos, são inúmeros os contextos de emprego de ***to*** e ***for*** e, por isso, as traduções são variadas. Por isso, nos limitaremos a explicar os principais contextos de uso dessas preposições nos quais são traduzidas como "para". A fim de aprofundar seus conhecimentos, não deixe também de consultar a bibliografia ao final deste livro.

USOS DA PREPOSIÇÃO **TO**

a. Para indicar um propósito, objetivo ou finalidade, antes de um verbo no infinitivo. Nesse contexto, ***to*** é a redução de ***in order to/so as to*** ("para", "a fim de"). Essa é uma das formas de diferenciar a preposição ***to*** da marca de infinitivo ***to***:

*He traveled **to** see his grandmother.*
Ele viajou **para** ver a avó.

***To** do this, we'll need help.*

Para fazer isso, precisaremos de ajuda.

b. Para indicar um movimento ou deslocamento em direção a um destino (lembre-se também da construção ***from... to*** (de/origem... para/destino):

*I will go **to** Italy next month.*

Vou **para** a Itália no mês que vem.

*It takes around seven hours **from** Rio **to** Espírito Santo by bus.*

Leva em torno de sete horas **do** Rio **para** o Espírito Santo de ônibus.

c. Para indicar o recipiente ou o beneficiário de uma ação:

*Amanda gave the first slice of cake **to** Robert.*

Amanda deu o primeiro pedaço de bolo **para** o Robert.

*He is baking a cake **to** you.*

Ele está assando um bolo **para** você.

d. Para expressar desejos a alguém:

*Happy birthday **to** you.*

Parabéns **para** você.

*The teachers wished good luck **to** their students.*

Os professores desejaram boa sorte **para** seus alunos.

e. Para indicar direção:

*We're still far from the beach. It's **to** the South.*

Ainda estamos longe da praia. Ela fica **para** o sul.

*The compass points **to** the West.*

A bússola aponta **para** o oeste.

Alguns verbos e expressões verbais seguidos da preposição ***to****:

belong to pertencer a	*listen to* escutar	*sell to* vender para
be/get used to acostumar-se a	*look forward to* mal poder esperar para	*send to* mandar, enviar a/para
bring to trazer para	*object to* fazer objeção a	*shout to* gritar para
contribute to contribuir para	*offer to* oferecer a	*show to* mostrar a/para
dedicate to dedicar-se a	*pass to* passar para	*sing to* cantar para
donate to doar para	*pay to* pagar a/para	*speak to* falar para
give to dar a/para	*promise to* prometer a/para	*take to* levar a/para
go to ir a/para	*read to* ler para	*teach to* ensinar para
hand to entregar a/para	*reply to* responder a	*tell to* contar, dizer a/para
leave to partir, ir embora para	*run to* correr para	*write to* escrever para
lend to emprestar a/para	*say to* dizer a/para	

* Alguns dos verbos da tabela acima podem também ser acompanhados da preposição ***for***, dependendo do sentido que estiverem veiculando.

USOS DA PREPOSIÇÃO **FOR**

a. Para indicar ajuda, ou seja, para mostrar que alguém fez algo para outra pessoa, pois ela estava impossibilitada de executar a ação:

*I cleaned the house and prepared dinner **for** you.*
Limpei a casa e fiz o jantar **para** você.

*Could you do it **for** me, please?*
Você pode fazer isso **para** mim, por favor?

b. Para indicar algum benefício:

*Eating greens and vegetables is very good **for** our health.*
Comer verduras e legumes é muito bom **para** nossa saúde.

*This book is interesting **for** your research.*
Este livro é interessante **para** a sua pesquisa.

c. Para indicar um propósito, objetivo ou finalidade. Empregado antes de substantivo ou pronome.

*This area is **for** staff only.*
Esta área é apenas **para** os funcionários.

*That table is reserved **for** us.*
Aquela mesa está reservada **para** nós.

d. Para indicar a marcação de um compromisso:

*The conference is set **for** next week.*
A conferência está marcada **para** a próxima semana.

*I set an appointment with the doctor **for** one month from now.*
Marquei uma consulta com o médico **para** daqui a um mês.

Alguns verbos e expressões verbais seguidos da preposição ***for****:

account for
explicar

admire for
admirar por

apologize for
desculpar-se por

apply for
candidatar-se a

arrange for
providenciar

arrest for
prender por

ask for
pedir

blame for
culpar por

call for
requerer

care for
cuidar de, amar, gostar

check for
verificar

excuse for
desculpar-se por

fear for
ter medo por

fine for
multar por

forgive for
perdoar por

head for
ir para

hope for
ter esperança de

long for
ansiar por

pay for
pagar por

praise for
elogio por

pray for
rezar por

prepare for
preparar para

punish for
punir por

scold for
dar bronca por

search for
buscar por

stand for
representar, significar

substitute for
substituir por

thank for
agradecer por

vote for
votar em

wait for
esperar por

wish for
desejar por

work for
trabalhar para

* Alguns dos verbos da tabela acima podem também ser acompanhados da preposição ***to***, dependendo do sentido que estiverem veiculando.

APLICAÇÃO

Brandon Staley says overtime timeout was ***to*** *get the right personnel on the field.*

– NBC SPORTS

Brandon Staley diz que o intervalo extra era **para** ter o pessoal certo no campo.

"She knows all the families by name" – the professor who gave up her job ***to*** *volunteer at Belmarsh prison.*

– THE GUARDIAN

"Ela conhece todas as famílias pelo nome" – a professora que desistiu do seu emprego **para** ser voluntária na prisão de Belmarsh.

He wanted to go ***to*** *college, but couldn't navigate the path there.*

– ASPEN DAILY NEWS

Ele queria ir **para** a faculdade, mas não podia dirigir no caminho até lá.

Parents always give good advice ***to*** *their children as they want the best for them.*

– ESSENTIALLY SPORTS

Os pais sempre dão bons conselhos **para** os seus filhos, pois querem o melhor para eles.

Good morning ***to*** *you.*

– AUSTRALIAN GOVERNMENT DEPARTMENT OF HEALTH

Bom dia **para** você.

North Koreans fleeing ***to*** *the South receive government support to begin with.*

– THE CONVERSATION

Os norte-coreanos que fogem **para** o Sul recebem apoio do governo para começar.

When was the last time you listened ***to*** *an old album from start to finish?*

– INDEPENDENT

Quando foi a última vez que você ouviu um álbum antigo do início ao fim?

There's a phone message ***for*** *you.*

– CAMBRIDGE

Há uma mensagem no celular **para** você.

*Exercise is good **for** you.*

– CNN

Exercício é bom **para** você.

*What's up **for** sale?*

– THE NATIONAL

O que tem **para** vender?

*Broncos' opponents set **for** 2022 season.*

– DENVER BRONCOS

Adversários dos Broncos definidos **para** a temporada 2022.

*Authorities ask **for** help searching for missing girl.*

– WYFF

Autoridades pedem ajuda **para** procurar por garota desaparecida.

90

TRY TO OU **TRY AND**?

Observe a frase:

> *There is a food truck there still open. I'll **try to** get some food for us.*
> Tem um food truck ali ainda aberto. Vou **tentar** pegar comida pra gente.

Try to é a junção do verbo ***try*** e a marca de infinitivo ***to***, do verbo seguinte. Porém, podemos ver a mesma frase anterior com uma pequena alteração, sem interferência no significado:

> *There is a food truck still open there. I'll **try and** get some food for us.*
> Tem um food truck ali ainda aberto. Vou **tentar** pegar comida pra gente.

Try and, bastante frequente na língua inglesa, é uma opção considerada informal para ***try to***, no entanto é necessário considerar duas importantes particularidades dessa construção:

a. ***Try and*** é entendida como uma expressão idiomática fixa, no sentido de que o verbo *try* não pode ser conjugado. Compare:

*She **tried to** eat something, but she wasn't hungry. (correto)*
*She **tried and** eat something, but she wasn't hungry. (incorreto)*
Ela **tentou** comer algo, mas não estava com fome.

b. Alguns estudiosos defendem que ***try and*** é usado quando se quer dar um sentido mais positivo à ação verbal subsequente, trazendo uma ideia de otimismo ou de mais certeza. Com base nesse entendimento, há uma diferença entre

*I'll **try and** find my keys.*
*I'll **try to** find my keys.*
Tentarei encontrar as minhas chaves.

em que a primeira frase soa mais positiva, mostrando otimismo em relação à recuperação das chaves, enquanto a segunda demonstra mais neutralidade ou menos certeza de que as chaves serão encontradas.

Apesar dessas particularidades ligadas a ***try and***, prefira sempre ***try to*** para não errar. De modo geral, as gramáticas defendem que ***try and*** é mais informal e deve ser evitado em situações que exijam uma maior atenção à norma padrão.

APLICAÇÃO

*Man in Italy uses fake silicone arm to **try to** get vaccine certificate.*

- CNN

Homem na Itália usa braço falso de silicone para **tentar** obter certificado de vacina.

*Don't forget about energy efficiency as we **try to** lower carbon emissions.*

- LEADER POST

Não se esqueça da eficiência energética enquanto **tentamos** reduzir as emissões de carbono.

*Elizabeth Holmes admits she went to Rupert Murdoch to **try and** kill WSJ Theranos story.*

- CNBC

Elizabeth Holmes admite que foi a Rupert Murdoch para **tentar** acabar com a história do WSJ Theranos.

*House strikes deal to **try and** avoid government shutdown.*

- THE WEEK

Câmara faz acordo de greve para **tentar** evitar a paralisação do governo.

91

UNTIL OU **BY**?

Veja as frases a seguir, cuja tradução é a mesma: "Eu estarei na festa **até** as dez horas".

*I'll be at the party **until** ten.*
*I'll be at the party **by** ten.*

Nesses exemplos, ***until*** e ***by*** significam "até". Contudo, cada uma das frases, aparentemente idênticas, tem uma interpretação diferente. ***Until*** é uma preposição e uma conjunção que traz consigo uma ideia de duração, referindo-se a uma ação ou a um processo que perdura até um momento definido e depois termina. Nesse sentido, em *I'll be at the party* ***until*** *ten*, eu digo que já estou na festa, porém ficarei nela até as dez, ou seja, minha permanência na festa terá uma duração que se acabará na hora indicada, quando irei embora. Outros exemplos de frases com ***until*** (ou ***till***, mais informalmente) são:

I am so drowsy that I think I will sleep ***until*** *noon.*
Estou tão sonolenta que acho que vou dormir **até** o meio-dia.

We walked around the field ***until*** *it got dark.*
Nós caminhamos pelo campo **até** escurecer.

The rain will continue ***until*** *the end of the month, according to the forecast.*
A chuva vai continuar **até** o fim do mês, de acordo com a previsão.

You have ***till*** *Friday to finish the project.*
Vocês têm **até** sexta-feira para terminarem o projeto.

Quando significa "até", a preposição ***by*** é usada em contextos nos quais um prazo, um limite máximo ou um ultimato é dado. Diante disso, em *I'll be at the party* ***by*** *ten*, eu digo que ainda não estou na festa, mas chegarei lá até as dez, ou seja, posso chegar à festa mais cedo, às oito horas, por exemplo, ou exatamente às dez horas. Porém, não irei mais à festa se passar desse horário. Outros exemplos de frases com a preposição ***by*** associada à ideia de prazo são:

The electricity bill needs to be paid ***by*** *tomorrow.*
A conta de luz precisa ser paga **até** amanhã.

Please, be here ***by*** *9 a.m.*
Por favor, esteja aqui **até** as nove da manhã.

*Enem candidates must cross the gates **by** 1 p.m.*

Candidatos ao Enem devem entrar nos portões **até** a uma da tarde.

*You have to finish the project **by** Friday.*

Você tem que terminar o projeto **até** a sexta-feira.

APLICAÇÃO

*"Existing nuclear plants alone will need €50 billion of investment from now **until** 2030".*

– DW

"As usinas nucleares existentes, sozinhas, precisarão de um investimento de 50 bilhões de euros de agora **até** 2030".

*Biden administration extends student loan pause **until** May 2022.*

– GROW

A administração de Biden estende a pausa no empréstimo estudantil **até** maio de 2022.

*Temperatures drop into the 30s and likely to at and below freezing **by** the evening time.*

– WDRB

As temperaturas se aproximam dos 30ºF e provavelmente estarão abaixo de zero **até** o anoitecer.

*It's estimated that all of the individual meters will be pulled off city streets **by** July, with a 100% completion of the rollout **by** August.*

– DES MOINES REGISTER

Estima-se que todos os medidores individuais serão retirados das ruas da cidade **até** julho, com conclusão de 100% da retirada **até** agosto.

92

USED TO OU **WOULD**?

De modo geral, podemos usar tanto a construção ***used to*** quanto o modal ***would*** seguidos de infinitivo para fazer referência ao passado, falando de hábitos e ações rotineiras, que se repetiam regular e constantemente. Uma tradução comum para ambos é "costumava":

> *When she was young, she* ***used to/would*** *bring me a bunch of lilies from the garden.*
> Quando ela era jovem, ela **costumava** me trazer alguns lírios do jardim.
>
> *I* ***used to/would*** *spend a whole afternoon watching TV on Saturdays.*
> Eu **costumava** passar uma tarde inteira assistindo TV aos sábados.

Quando ***used to*** e ***would*** são usados juntos em um texto, é de praxe que ***used to*** apareça primeiro de modo a estabelecer o contexto para que, em seguida, os demais hábitos no passado sejam relatados:

> *When we were children, we* ***used to*** *invent great games.*
> *We* ***would*** *make believe we were the government and*
> *we* ***would*** *make crazy laws that everyone had to obey.*
> Quando éramos crianças, **costumávamos** inventar ótimas brincadeiras. Nós **fazíamos** de conta que éramos o governo e **fazíamos** leis doidas que todos tinham que obedecer.

Porém, muito cuidado, pois apenas ***used to*** é empregado quando um contraste é feito entre o passado e o presente, no sentido de que ações e estados que eram hábitos, rotinas, não são mais. Essa ideia de "agora não acontece mais" pode estar clara ou implícita na frase. Exemplos:

*I **used to** live in the country.*

Eu **costumava** morar no campo.

*We **used to** go to that beach, but not anymore.*

Costumávamos ir àquela praia, porém não mais.

*My uncle **used to** smoke. Health issues forced him to stop, though.*

Meu tio **costumava** fumar. Porém, questões de saúde o forçaram a parar.

*Marcelo **used to** have a Rolls-Royce.*

Marcelo **costumava** ter um Rolls-Royce.

*That **used to** be a great restaurant.*

Aquele **costumava** ser um ótimo restaurante.

> *Used to* é frequentemente usado com os verbos *be*, *have*, *want*, *live*, *love*, *like* etc. e sua forma negativa pode ser ***didn't use to*** ou ***used not to*** (mais formal).
>
> Cuidado para não confundir ***used to*** com *be used to*. Nesse sentido, consulte a dúvida **93**.

Would, por sua vez, é empregado para falar apenas de ações recorrentes no passado, não de estados (por isso, não é empregado com verbos como *be*, *have* e *like*, por exemplo). Além disso, diferentemente de *used to*, ***would*** traz para a frase um sentimento de saudade, nostalgia, evocando boas recordações.

*Every time I got sick, my mom **would** bake a delicious chocolate cake.*

Toda vez que eu adoecia, minha mãe **fazia** um bolo de chocolate delicioso.

*I **would** often study in the library until midnight.*

Eu frequentemente **estudava** na biblioteca até meia-noite.

*I **would** come here a lot as a child. Miss those days.*

Eu **vinha** muito aqui quando criança. Sinto falta daqueles dias.

*We **would** spend long hours chatting. It was invigorating.*

Passávamos longas horas conversando. Era revigorante.

APLICAÇÃO

*I **used to** write in the back of Ubers. I can't write in the same place for very long.*

– THE GUARDIAN

Eu **costumava** escrever no banco de trás dos Ubers. Eu não posso escrever no mesmo lugar por muito tempo.

*I **used to** hide my symptoms and disability from others. Now I want to be 100 per cent "seen".*

– ABC

Eu **costumava** esconder meus sintomas e deficiências dos outros. Agora eu quero ser cem por cento "vista".

*Dad **would sing** to us every evening.*

– CAMBRIDGE

Papai **cantava** para nós toda noite.

*When my parents were away, my grandmother **would take care** of me.*

– OXFORD DICTIONARY

Quando meus pais estavam fora, minha avó **cuidava** de mim.

93

USED TO, BE USED TO

OU **GET USED TO**?

Cuidado para não se deixar levar pela semelhança entre essas três construções e, por isso, tratá-las como sinônimas. Há diferenças que você verá agora.

USED TO

Traduz-se como "costumava", sendo usada para falar de hábitos no passado. A partícula ***to*** é a marca de infinitivo do verbo que sucede *used to*:

*Our teacher **used to** assess us through essays.*
Nossa professora **costumava** nos avaliar por meio de redações.
*Her life **used to** be better when she was married to John.*
A vida dela **costumava** ser melhor quando era casada com John.

Consulte a dúvida **92** para entender mais sobre o emprego de ***used to***.

BE/GET USED TO

Traduz-se como "Estar/ficar acostumado a/com" ou "acostumar-se a/com". A partícula ***to*** é uma preposição que, quando seguida de verbo, faz com que este fique automaticamente no gerúndio (*-ing*).

*I **am used to** dealing with all kinds of people.*
Estou acostumada a lidar com todos os tipos de pessoas.
*Diego and I **were used to** supporting each other.*
Diego e eu **éramos acostumados a** apoiar um ao outro.
*Celina **got used to** the company's policy fast.*
Celina **ficou acostumada com** a política da empresa rapidamente.
*I **got used to** waking up early because I have classes in the morning.*
Eu **me acostumei a** acordar cedo, pois tenho aulas de manhã.
*You need to **be/get used to** drinking more water. It helps lose weight.*
Você precisa **se acostumar a** beber mais água. Isso ajuda a perder peso.

APLICAÇÃO

*How our ancestors **used to** sleep can help the sleep-deprived today.*

– CNN

Como nossos ancestrais **costumavam** dormir pode ajudar aqueles que não conseguem dormir hoje.

*The Sun **Used to** Have Saturn-Like Rings That Stopped Earth from Being a "Super-Earth".*

– SCIENCE ALERT

O Sol **costumava** ter anéis como os de Saturno que impediu que a Terra se tornasse uma "Superterra".

***I'm used to** flying vaguely under the radar when it comes to things I've done.*

– THE GUARDIAN

Eu **estou acostumada a** passar vagamente despercebida quando se trata de coisas que eu fiz.

*"I'm still **getting used to** the team being so close."*

– FLORIDA GATORS

"Eu ainda **estou me acostumando** ao time ser tão próximo."

94

VERY OU QUITE?

Os advérbios de intensidade ***very*** e ***quite*** causam bastante dúvida quanto ao uso, pois parecem significar a mesma coisa. Entenda a diferença entre ambos de forma definitiva a partir de agora.

VERY

Normalmente traduzido como "muito", ***very*** é empregado antes de adjetivos e advérbios, intensificando-lhes o sentido:

*Susan is **very** intelligent.*
Susan é **muito** inteligente.

*My order came **very** quickly.*
Meu pedido veio **muito** rápido/rapidamente.

*That is a **very** high mountain. No one has dared to climb it so far.*
Aquela montanha é **muito** alta. Ninguém ousou escalá-la até agora.

*That book was **very** boring. I stopped reading in the middle of it.*
Aquele livro estava **muito** chato. Parei a leitura na metade dele.

QUITE

O advérbio ***quite*** é traduzido de duas formas diferentes, com base no tipo de adjetivo ou advérbio que vem logo depois dele. Para você entender isso, explicaremos brevemente a diferença entre adjetivos e advérbios do tipo ***gradable*** e aqueles que pertencem ao grupo dos ***non-gradable***.

Gradable adjectives and adverbs são aqueles que podem variar em grau (comparativo e superlativo) e ser usados com intensificadores como *too, as, so, enough, extremely, very, more, less, rather, pretty, fairly, a little, a bit* etc. Tomando o adjetivo *interesting* a título de ilustração, podemos dizer, entre outras possibilidades:

*This job is **less** interesting.*
Esse cargo é **menos** interessante.
*This job is **a little** interesting.*
Esse cargo é **um pouco** interessante.
*This job is **rather** interesting.*
Esse cargo é **um tanto** interessante.
*This job is **more** interesting.*
Esse cargo é **mais** interessante.

Perceba que o adjetivo pode caminhar por diferentes variações de grau, indo do ponto mínimo (***less***) até o máximo (***more***). *Gradable adjectives and adverbs* não denotam qualidades absolutas ou extremas.

Non-gradable adjectives and adverbs, por sua vez, descrevem qualidades absolutas ou extremas, já carregando em si a ideia de "muito": ***finished***, ***amazing***, ***dead***, ***awful***, ***terrible***, ***tiny***, ***exhausted***, ***essential***, ***alive***, ***gorgeous***, ***boiling***, ***impossible***, ***obviously*** etc. Para intensificá-los, podem-se usar os advérbios ***really***, ***completely***, ***totally*** e ***absolutely***, por exemplo.

*That's **completely** impossible!*
Isso é **completamente** impossível!
*Camila is **really** gorgeous.*
Camila é **realmente** linda.
*Your research is **absolutely** fascinating.*
Sua pesquisa é **absolutamente** fascinante.
~~*My homework is **very** finished.*~~
~~Meu dever de casa está **muito** terminado.~~

No último exemplo, veja que ***finished*** carrega um sentido absoluto e, por isso, não aceita o intensificador ***very***.

Entendida a diferença entre os dois grupos acima, voltemos aos dois usos de ***quite***.

QUITE + GRADABLE ADJECTIVES AND ADVERBS

Empregado com adjetivos e advérbios do tipo *gradable*, ***quite*** pode ser traduzido das seguintes formas: "um pouco", "bem", "um tanto", "ligeiramente", "relativamente" e "razoavelmente". Nesse contexto, ***quite*** é menos intenso e enfático do que ***very***. Vejamos os exemplos:

Your little sister is ***quite*** *smart, huh?*
Sua irmãzinha é **bem** esperta, hein?

Aunt Deborah comes visit us ***quite*** *often.*
Tia Deborah vem nos visitar **relativamente** com frequência.

I had to walk ***quite*** *fast to be able to catch the bus.*
Eu tive que andar **um tanto** rápido para poder pegar o ônibus.

My opinion is ***quite*** *different.*
Minha opinião é **ligeiramente** diferente.

QUITE + NON-GRADABLE ADJECTIVES AND ADVERBS

Antes de adjetivos e advérbios do tipo *non-gradable*, ***quite*** normalmente é traduzido como "completamente", "absolutamente" ou "totalmente":

This news is ***quite*** *amazing!*
Essa notícia é **absolutamente** maravilhosa!

She was ***quite*** *right about Tom, but we didn't believe her.*
Ela estava **totalmente** certa sobre o Tom, mas nós não acreditamos nela.

I am drained, ***quite*** *exhausted.*
Estou esvaída, **completamente** exausta.

APLICAÇÃO

"I can say frustrated, ***very*** *frustrated".*

– GLOBAL NEWS

"Eu posso dizer frustrado, **muito** frustrado."

Parents, It's Going to Be a ***Very*** *Long January.*

– THE NEW YORK TIMES

Pais, será um mês de janeiro **muito** longo.

"We're ***quite*** *frightened."*

– COLUMBIA MISSOURIAN

"Nós estamos **um tanto** assustados."

"I've felt ***quite*** *proud that there were big stands here as well", she says.*

– THE GUARDIAN

"Eu me senti **bem** orgulhosa de que havia grandes arquibancadas aqui também", diz ela.

"Some of the stuff they find is ***quite*** *amazing. So, I like that."*

– FAR OUT MAGAZINE

"Algumas das coisas que eles encontram são **absolutamente** incríveis. Então, eu gosto disso."

95

WHEN OU **BY THE TIME**?

When é traduzido como "quando" e pode ser usado sempre que se quiser passar essa ideia:

> ***When*** *is your birthday?*
> **Quando** é o seu aniversário?

*Let's buy our return tickets **when** the price lowers a bit.*

Vamos comprar nossas passagens de volta **quando** o preço baixar um pouco.

***When** you feel under the weather, take vitamin C.*

Quando você se sentir doente, tome vitamina C.

*I tripped on a rock **when** I was crossing the street.*

Tropecei em uma pedra **quando** eu estava atravessando a rua.

*Is he coming? **When**?*

Ele vem? **Quando**?

*Did you know that **when** we got at the hotel, Paula was there?*

Sabia que **quando** chegamos ao hotel, Paula estava lá?

A expressão ***by the time*** pode ser traduzida como "quando", "na hora que", "no momento em que" ou "até que". Porém, é empregada apenas em contextos nos quais se introduz uma ação ou um evento posterior a outra ação ou evento já ocorrido ou finalizado. Veja os exemplos:

***By the time** we arrived, everybody was already there.*

Quando nós chegamos, todos já estavam lá.

***By the time** he was ten, he had learnt to play the piano.*

Quando ele estava com dez anos, ele tinha aprendido a tocar piano.

*I was finished eating **by the time** she showed up.*

Eu tinha terminado de comer **na hora que** ela chegou.

***By the time** he comes, we will have already left.*

Até que ele venha, nós já teremos ido embora.

*If I'm not home **by the time** mom gets there, she's gonna kill me.*

Se eu não estiver em casa **quando** minha mãe chegar lá, ela vai me matar.

*You will know, **by the time** you're 40, life will be actually starting.*

Você vai saber, **no momento em que** tiver 40 anos, que a vida estará na verdade começando.

APLICAÇÃO

*Dogs know **when** you're speaking a different language – and talking nonsense.*

– CNN

Cachorros sabem **quando** você está falando uma língua diferente – e falando bobeiras.

***When** you head into any new year, it's natural to think about where your career stands and where it's going.*

– HARVARD BUSINESS REVIEW

Quando você entra em um novo ano, é natural pensar sobre onde sua carreira está e para onde está indo.

***By the time** they got back to the house, the police were there.*

– NBC NEWS

No momento em que eles voltaram para a casa, a polícia estava lá.

***By the time** they find an antidote, we must have found another solution to this.*

– WION NEWS

Até que eles encontrem um antídoto, nós já teremos encontrado uma outra solução para isso.

*"Many people had delayed services, so **by the time** they did seek mental health treatment, they were actually doing worse", says Benton.*

– NPR

"Muitas pessoas tiveram os atendimentos atrasados, então, **quando** elas realmente procuraram serviço para a saúde mental, elas estavam piores", diz Benton.

96

WHILE, WHILST OU **WHEREAS**?

Na função de conjunções, ***while***, ***whilst*** e ***whereas*** são traduzidas como "enquanto". De modo geral, as três são usadas nos mesmos contextos, nos quais se estabelece uma ideia de contraste, mas é importante considerar algumas informações para um emprego mais preciso de cada uma dessas palavras.

a. ***While*** **e** ***whilst*** se diferenciam apenas quanto ao grau de formalidade, sendo *whilst* considerado mais formal que *while* e, portanto, o uso de *while* é bem mais frequente e comum.

Stay right here ***while/whilst*** *I go in to buy some juice.*
Permaneça bem aqui **enquanto** eu entro para comprar um suco.

The American variety of English employs the letter "z" in words like "realize", "prioritize" and "recognize", ***while/whilst*** *"s" is preferred in British English: "realise", "prioritise" and "recognise".*
A variedade americana do inglês emprega a letra "z" em palavras como "realize", "prioritize" e "recognize", **enquanto** "s" é a preferência no inglês britânico: "realise", "prioritise" e "recognise".

It is considered as lack of good manners talking ***while/whilst*** *one is chewing.*
É considerado como falta de boas maneiras falar **enquanto** se está mastigando.

b. ***Whereas*** pode ser colocado no lugar de ***while*** (e também de ***whilst***), exceto quando *while* estiver fazendo referência a simultaneidade de ações, contexto em que *whereas* é proibido. Observe os exemplos:

*In November, it's autumn in the USA, **while/whereas** in Brazil it's spring.*
Em novembro, é outono nos EUA, **enquanto** no Brasil é primavera.

*My cousin hosted my dog **while** I was out of the city.*
~~*My cousin hosted my dog **whereas** I was out of the city.*~~
Minha prima hospedou o meu cachorro **enquanto** eu estava fora da cidade.

APLICAÇÃO

*An elderly woman had to be rescued from a house fire which started after she fell **whilst** cooking.*

– THE NORTHERN ECHO

Uma mulher idosa precisou ser resgatada de uma casa em chamas que começaram após ela cair **enquanto** cozinhava.

*Shell and BP Getting Richer and Richer **Whilst** UK Consumers and Drivers Get Poorer.*

– EIN NEWS

Shell e BP ficando mais e mais ricos **enquanto** consumidores e motoristas do Reino Unido ficam mais pobres.

*Single parents are balancing work and child care, all **while** dealing with uncertainty.*

– NPR

Pais solteiros estão se equilibrando entre trabalho e cuidado das crianças, tudo **enquanto** lidam com a incerteza.

*I got that advice from a lifestyles segment on one of the TV morning programs I saw **while** drinking coffee recently.*

– THE CANTON REPOSITORY

Eu recebi esse conselho em um programa de TV matinal sobre estilo de vida que eu vi recentemente **enquanto** tomava café.

*Money saving expert Martin Lewis has warned that as the energy market changes some customers may choose to switch providers, **whereas** others should continue to "do nothing".*

– CAMBRIDGE NEWS

O especialista em economia Martin Lewis alertou que, à medida que o mercado de energia muda, alguns clientes podem escolher mudar de fornecedor, **enquanto** outros devem continuar a "não fazer nada".

*Brian Slade is not a human **whereas** all the other characters have their human elements.*

– GQ

Brian Slade não é humano **enquanto** todos os outros personagens possuem seus elementos humanos.

97

WILL OU **BE GOING TO**?

Quando estudamos o ***simple future***, ou futuro simples, podemos usar o modal ***will*** + **infinitivo** sem ***to*** ou a construção ***be going to*** + **infinitivo**. A tradução nos dois casos é a mesma, porém os contextos de emprego das duas estruturas mudam. Vejamos.

O **SIMPLE FUTURE** COM **WILL** É EMPREGADO PARA

a. referir-se ao futuro de maneira geral ou de modo vago. Nesse contexto, é comum a presença de advérbios e expressões adverbiais como ***sometime***, ***in future***, ***in the future***, ***one of these days***, ***some day***, ***sooner or later*** etc.

*I'll **drop by** some time.*

Vou passar aí algum dia.

*Sooner or later he **will ask** you to join the team.*

Mais cedo ou mais tarde ele **vai** te **pedir** para se juntar à equipe.

*In the future I **will have** children.*

No futuro eu **terei** filhos.

b. dar ou pedir informações sobre o futuro:

*It'**ll be** spring soon.*

Será primavera em breve.

***Will** all the family **be** at the wedding?*

Toda a família **estará** no casamento?

*Karen **will start** work sometime next week.*

Karen **vai começar** o trabalho em algum dia na próxima semana.

c. fazer previsões sobre o futuro, especialmente quando imaginamos, pensamos, acreditamos ou calculamos o que vai acontecer, sem que haja alguma evidência externa para isso (por exemplo, nuvens escuras no céu indicando chuva). Nesse sentido, a previsão é baseada em nossa opinião ou experiência. Verbos como ***bet, think, guess, believe, expect, hope, imagine, reckon, wonder*** e advérbios como ***surely, certainly, definitely, probably*** (e sinônimos) podem aparecer:

*Who do you think **will win** the match?*

Quem você acha que **vai ganhar** a partida?

*Tomorrow **will be** warm, I guess.*

Amanhã o tempo **vai estar** quente, eu acho.

*I believe he **will forget** that idea.*

Eu acho que ele **vai esquecer** aquela ideia.

Advérbios como *definitely*, *certainly* e *probably* sucedem ***will***, mas precedem ***won't***:

*She **will** probably come with us tonight.*
Ela provavelmente **virá** conosco hoje à noite.

*She probably **won't** come with us tonight.*
Ela provavelmente **não virá** conosco hoje à noite.

d. falar de fatos sobre o futuro:

*Next year, my birthday **will fall** on a Wednesday.*
Ano que vem, meu aniversário **cairá** em uma quarta-feira.

***I'll be** 30 on March 19th.*
Vou fazer 30 anos dia 19 de março.

e. expressar decisões repentinas, sem planejamento prévio, tomadas no momento da fala:

*Ok, **I'll go**.*
Ok, eu **vou**.

*Sue **will take** you to the airport.*
Sue **vai** te **levar** ao aeroporto.

*The car is dusty. **I'll wash** it.*
O carro está empoeirado. **Vou lavá**-lo.

f. falar de promessas, habilidades, pedidos e oferecimentos:

*Your bag looks heavy. **I'll help** you carry it.*
Sua bolsa parece pesada. Te **ajudarei** a carregá-la.

*I **won't tell** anybody. I promise.*
Não **contarei** a ninguém. Eu prometo.

*This tea **will cure** your headache.*
Este chá **vai curar** sua dor de cabeça.

*Thanks for lending me the money. **I'll pay** you on Monday.*
Obrigada por me emprestar o dinheiro. Te **pagarei** na segunda.

g. fazer convites (*won't you* soa bastante formal):

***Will** you **stay** for dinner, Simon?*
Você **ficará** para o jantar, Simon?

***Won't** you **sit down**, Mr. Thompson?*
Você não **irá se sentar**, sr. Thompson?

DICA Em português, é comum usarmos o presente do indicativo para falarmos de uma ação que vai acontecer seja num futuro bem próximo, seja em um futuro mais distante. Veja exemplos: "amanhã eu **trago** seu livro", "semana que vem eu **faço**", "depois te **empresto**", "ela já **volta**", "mais tarde eu te **pago**", "daqui a pouco eu **vejo**" etc. Ao passar essas frases e outras semelhantes para o inglês, **deve-se usar o *simple future* com *will*, obrigatoriamente,** não o *simple present.*

O **SIMPLE FUTURE** COM **BE GOING TO** É EMPREGADO PARA

a. fazer previsões sobre um futuro próximo ou imediato, com base em evidências claras e observáveis (nuvens no céu = chuva; buraco na rua = queda; falta de atenção = acidente etc.):

*Watch out! That tree **is going to fall**!*

Cuidado! Aquela árvore **vai cair**!

*Oh! You **are going to have** a baby! I'm so happy for you!*

Oh! Você **vai ter** um bebê! Estou tão feliz por você!

*I feel terrible. I think I **am going to be** sick.*

Eu me sinto muito mal. Acho que **vou ficar** doente.

*OMG, look at the sky! It**'s going to rain** a lot!*

Minha nossa, olhe para o céu! **Vai chover** muito!

*The car **is going to crash**!*

O carro **vai bater**!

*You **are going to have** diabetes if you don't stop eating too much sugar.*

Você **vai desenvolver** diabetes, se não parar de comer tanto açúcar.

b. Insistir que alguém faça ou não faça algo e, também, para trazer ênfase a uma recusa:

*You **are going to take** this medicine whether you like it or not!*

Você **vai tomar** esse remédio quer você queira ou não!

*She **is not going to step** into my house wearing those filthy shoes.*

Ela **não vai pisar** na minha casa usando aqueles sapatos imundos.

*I **am not going to sit up** all night hearing you whine.*

Eu **não vou ficar sentada** a noite toda ouvindo você choramingar.

No discurso escrito informal, *going to* normalmente vira ***gonna*** devido à sua pronúncia reduzida /ˈɡə.nə/: *We're **gonna** have ice cream for dessert*. Veja a dúvida 33 para mais detalhes.

ATENÇÃO Tende-se a evitar os verbos ***go*** e ***come*** após *be going to* e dar lugar às suas formas no presente contínuo. Veja:

*I'm **going** to São Paulo in a week.*

Irei a São Paulo daqui a uma semana.

Em vez de *I'm going to go to São Paulo in a week.*

*He **is coming** to Brazil in April.*

Ele **vai vir** ao Brasil em abril.

Em vez de *He is going to come to Brazil in April.*

APLICAÇÃO

*Susan Collins **is** just **going to pretend** Brett Kavanaugh didn't lie to her face.*

– VANITY FAIR

Susan Collins **vai** apenas **fingir** que Brett Kavanaugh não mentiu na cara dela.

*"These bad people **are** not **going to stop** me. They**'re** not **going to change** my heart. My heart **will be** the same. Her heart **will be** the same", Dabaneh said.*

– CBS CHICAGO

"Essas pessoas ruins não **vão** me **parar**. Elas não **vão mudar** meu coração. Meu coração **será** o mesmo. O coração dela **será** o mesmo", disse Dabaneh.

*"My mother says your husband **will** probably **leave** you now."*

– THE NEW YORK TIMES

"Minha mãe diz que seu marido provavelmente te **abandonará** agora."

*US warns it **will** not **let** Iran "slow walk" nuclear talks.*

– FRANCE 24

EUA advertem que não **permitirão** que Irã "caminhe lentamente" em negociações nucleares.

98

WILL OU **SHALL**?

Para expressar o *simple future*, ou futuro simples, usa-se, para todas as pessoas gramaticais, o verbo modal ***will*** seguido de um verbo no infinitivo sem a partícula *to*. O *simple future* equivale ao futuro do presente em português, ou seja, ao nosso amanhã (farei/vou fazer, estarei/vou estar, pintarei/vou pintar, cozinharei/vou cozinhar). Vejamos a tabela a seguir, que mostra o *simple future* na forma afirmativa usando o verbo ***to finish*** como modelo:

to finish (acabar, terminar)		
Singular	1ª	*I **will** finish*
	2ª	*You **will** finish*
	3ª	*He **will** finish*
	3ª	*She **will** finish*
	3ª	*It **will** finish*
Plural	1ª	*We **will** finish*
	2ª	*You **will** finish*
	3ª	*They **will** finish*

Segundo a norma culta do inglês, **em contextos bem formais**, é possível empregar o modal ***shall*** no lugar de *will* apenas na primeira pessoa do singular e do plural (ou seja, com *I* e *we*, respectivamente). Contudo, o uso de *shall* nesse contexto vem caindo em desuso, especialmente na fala, dando cada vez mais lugar a *will*. É importante destacar ainda que ***shall*** é mais frequente no inglês britânico do que no inglês americano.

Tanto ***shall*** quanto ***will*** possuem a forma contraída ***'ll***, mais comum após pronomes.

Vejamos, então, ***shall*** substituindo *will*:

to finish (acabar, terminar)		
Singular	1ª 2ª 3ª 3ª 3ª	*I **shall** finish* *You **will** finish* *He **will** finish* *She **will** finish* *It **will** finish*
Plural	1ª 2ª 3ª	*We **shall** finish* *You **will** finish* *They **will** finish*

Observemos o *simple future* nas frases abaixo:

*Making all the repair this car needs **will cost** you lots of money.*
Efetuar todo o conserto desse carro te **custará** muito dinheiro.

*This **will not (= won't) be** a great choice.*
Essa **não vai ser** uma ótima escolha.

*We **shall stay** a little bit longer.*
Nós **vamos ficar** um pouquinho mais.

*I **shall not** (= **shan't**) **come**, sorry.*

Eu **não irei**, me desculpe.

*Henry **will arrive** soon.*

Henry **vai chegar** em breve.

*Who **will be** at the party?*

Quem **estará** na festa?

*I'**ll go** with you.*

Irei com você.

APLICAÇÃO

*"We **will** never **forget** your kind heart, silly personality, and passion for the game", the team wrote on Twitter.*

– CNN

"Nunca **esqueceremos** seu coração gentil, personalidade boba e paixão pelo jogo", escreveu a equipe no Twitter.

*The court **will review** and **amend** that document and is expected to hand down its decision at the end of its term, in late June or early July.*

– THE WALL STREET JOURNAL

O tribunal **revisará** e **alterará** esse documento e deverá transmitir sua decisão no final de seu mandato, no final de junho ou início de julho.

*And I **shall** never **forget** my way home!*

– HOOD COUNTY NEWS

E eu nunca **esquecerei** meu caminho para casa!

*I **shall see** him, but not now.*

– EL DORADO NEWS-TIMES

Eu o **verei**, mas não agora.

*Civil rights anthem **We Shall Overcome** freed from copyright.*

– THE GUARDIAN

Hino dos direitos civis **Nós Vamos Vencer** livre de direitos autorais.

99

WOULD RATHER OU **WOULD PREFER**?

Ambas as construções possuem a mesma tradução: "preferiria". Contudo, atenção à estrutura gramatical:

Would rather é seguido de verbo no infinitivo sem a partícula ***to***:

*I **would rather** have dinner in my room.*
Eu **preferiria** jantar no meu quarto.

Would prefer é seguido de verbo no infinitivo com a partícula ***to***:

*I **would prefer** to have dinner in my room.*
Eu **preferiria** jantar no meu quarto.

APLICAÇÃO

*4-in-10 full-time Australian employees **would rather** wash dishes than deal with a commute to work.*

– FORBES

4 em 10 funcionários australianos de tempo integral **prefeririam** lavar pratos do que lidar com deslocamento para o trabalho.

*And China's leaders **would rather** keep tight control of its companies than open them up to investors on American markets.*

– THE NEW YORK TIMES

E os líderes da China **prefeririam** manter o controle apertado de suas empresas do que as abrir para investidores nos mercados americanos.

Jewellery maker Pandora ***would prefer*** *to invest in physical stores or its own online sales platform rather than join large e-commerce marketplaces like Amazon or Farfetch, its chief executive said on Wednesday.*

– REUTERS

A joalheria Pandora **preferiria** investir em lojas físicas ou na sua própria plataforma de vendas online, em vez de se juntar a grandes mercados de comércio eletrônico como a Amazon ou a Farfetch, disse o chefe executivo na quarta-feira.

The mentorship program will begin in February and continue through November, and mentors will be allowed to choose which school they ***would prefer*** *to work with.*

– WJHL

O programa de mentoria começará em fevereiro e continuará até novembro, e os mentores poderão escolher com qual escola eles **preferem** trabalhar.

100

YOU AND ME

OU **YOU AND I**?

Ambos podem ser usados, porém em contextos diferentes. Para saber o contexto, é preciso compreender as duas funções que os pronomes pessoais desempenham na frase: sujeito e objeto.

Os pronomes pessoais com função de **sujeito** são chamados de ***subject pronouns***, equivalendo aos pronomes pessoais do caso reto, em português. Assumindo a função de sujeito, os *subject pronouns* aparecem, via de regra, antes do verbo. São eles:

I (eu), ***you*** (tu, você), ***he*** (ele), ***she*** (ela), ***it*** (ele, ela), ***we*** (nós), ***you*** (vós, vocês), ***they*** (eles, elas)

Exemplos:

She *is my mom.*
Ela é minha mãe.

We *are roommates.*
Nós somos colegas de quarto.

It *seems you are right!*
Parece que você está certo!

You *should take a break.*
Você deveria fazer uma pausa.

Em contrapartida, os pronomes pessoais com função de **objeto** são chamados de ***object pronouns***, equivalendo aos pronomes pessoais do caso oblíquo (átonos ou tônicos, estes últimos após preposição), em português. Assumindo a função de objeto, os *object pronouns* aparecem, via de regra, após o verbo ou uma preposição. São eles:

me (me, mim), ***you*** (o, a, te, ti, a você, lhe), ***him*** (se, si, o, lhe,), ***her*** (se, si, a, lhe), ***it*** (se, si, o, a, lhe), ***us*** (a nós, nos), ***you*** (a vós, a vocês, vos, lhes), ***them*** (se, si, os, as, lhes)

Exemplos:

You should forgive ***her****.*
Você deveria perdoá-**la**.
Would you like to go out with ***me****?*
Você gostaria de sair **comigo**?
He loves ***you****.*
Ele **te** ama.
Please, let ***us*** *know if you need anything.*
Por favor, avise-**nos** se você precisar de algo.

Perceba que, ao comparar a lista de *subject pronouns* com a de *object pronouns*, ***you*** não se altera e, sabendo agora que ***I*** é usado antes do verbo e ***me***, após ele, fica fácil entender a diferença de emprego de *you and I* e *you and me*:

Antes do verbo:

You and I *(= We) were meant to be.*
Você e eu (= Nós) fomos feitos um para o outro.

Depois do verbo ou preposição:

Mom will give ***you and me*** *(= us) 20 bucks.*
Mamãe dará a **você e a mim** (= nós) 20 dólares.
I don't think they care about ***you and me*** *(= us).*
Eu acho que eles não se importam com **você e eu** (= conosco).

APLICAÇÃO

*Between **You and Me**: A big thank you to the federal government.*

– TBR NEWS

Entre **você e mim**: um grande obrigado ao governo federal.

*"Anthony", I said, wanting to shake him through the phone, "if she loses this election, it will be because of **you and me**."*

– THE GUARDIAN

"Anthony", eu disse, querendo sacudi-lo pelo telefone, "se ela perder esta eleição, será por causa de **você e de mim.**"

***My wife and I** have several grandchildren who are in college or have recently graduated.*

– THE WALL STREET JOURNAL

Minha esposa e eu temos vários netos que estão na faculdade ou se formaram recentemente.

*"**Denzel and I** weren't going to gang up on him as actors", and Denzel had to trust that **she and Joel** "weren't going to be too intimate as husband and wife".*

– THE NEW YORK TIMES

"**Denzel e eu** não íamos nos juntar a ele como atores", e Denzel teve que confiar que **ela e Joel** "não seriam muito íntimos como marido e mulher".

VEJA TAMBÉM

RESUMO

DOS

TEMPOS

VERBAIS

VERBO **TO BE**

To be: de modo geral, “ser” ou “estar”, dependendo do contexto (para saber mais, consulte a dúvida **65**).

CONJUGAÇÃO NO PRESENTE

am (com o sujeito *I*), ***is*** (com os sujeitos *he*, *she* e *it*) e ***are*** (com os sujeitos *you*, *we* e *they*)

Forma afirmativa: verbo *to be* após o sujeito (é possível contrair verbo e sujeito).

> *I'**m** Fernanda.*
> Eu **sou** a Fernanda.
> *She **is** Rafaela.*
> Ela **é** a Rafaela.
> *We **are** in Brazil.*
> Nós **estamos** no Brasil.

Forma interrogativa: verbo *to be* antes do sujeito.

> ***Are** these glasses yours?*
> Esses óculos **são** seus?
> ***Is** she home now?*
> Ela **está** em casa agora?
> ***Am** I suited for the position?*
> Eu **sou** adequado para o cargo?

Forma negativa: verbo *to be* seguido de ***not*** ou as formas contraídas ***isn't*** e ***aren't*** (não existe contração de *am not*).

*This rice **isn't** good. It needs more seasoning.*
Esse arroz **não está** bom. Precisa de mais tempero.

*We **are not** neighbors.*
Não somos vizinhos.

Forma interrogativa-negativa: em geral, emprega-se ***isn't*** ou ***aren't*** antes do sujeito. Para a primeira pessoa do singular, segue-se a estrutura ***am*** + ***sujeito*** + ***not***.

***Am** I **not** supposed to answer your question?*
Não se espera que eu responda a sua pergunta?

***Isn't** she just wonderful?*
Ela não é simplesmente maravilhosa?

***Aren't** they too skeptical?*
Eles não são céticos demais?

> ***am***, ***is*** e ***are*** podem se contrair com o sujeito: *I **am*** = *I'**m***; *you **are*** = *you'**re***; *he **is*** = *he'**s*** etc.

CONJUGAÇÃO NO PASSADO

was (com os sujeitos *I, he, she* e *it*) e ***were*** (com os sujeitos *you*, *we* e *they*)

Forma afirmativa: verbo *to be* após o sujeito (não é possível contrair verbo e sujeito).

*I **was** abroad last week.*

Eu **estava** fora do país semana passada.

*My friends **were** planning to throw a party.*

Meus amigos **estavam** planejando dar uma festa.

Forma interrogativa: verbo *to be* antes do sujeito.

***Were** you worried about what I had said that day?*

Você **ficou** preocupado com o que eu havia dito naquele dia?

***Was** she married to him?*

Ela **estava** casada com ele?

Forma negativa: verbo *to be* seguido de ***not*** ou as formas contraídas ***wasn't*** e ***weren't***.

*The deal **was not** as good as we had anticipated.*

O acordo **não foi** tão bom quanto nós tínhamos previsto.

*They **weren't** here yesterday.*

Eles **não estiveram** aqui ontem.

Forma interrogativa-negativa: em geral, emprega-se ***wasn't*** ou ***weren't*** antes do sujeito.

***Wasn't** Patricia looking for a house to rent?*

Patrícia **não estava** procurando uma casa para alugar?

***Weren't** you guys invited to come along?*

Vocês **não foram** convidados para vir?

was e ***were*** não podem se contrair com o sujeito:
*I **was**; you **were**; he **was*** etc.

GRUPO 1

TEMPOS VERBAIS

ENVOLVENDO O PRESENTE

SIMPLE PRESENT (PRESENTE SIMPLES)

ESTRUTURAS

Afirmativa: verbo na forma-base (infinitivo) (com *I*, *you*, *we* e *they*) ou acrescido de *-s/-es* (com *he*, *she* e *it*).

I ***wash*** *my hair three times a week.*

Eu **lavo** meu cabelo três vezes por semana.

Carla ***works*** *as a clerk.*

Carla **trabalha** como vendedora.

REGRAS PARA O ACRÉSCIMO DE **-S/-ES** NA 3ª PESSOA DO SINGULAR (**HE, SHE, IT**)

1. **Regra geral:** acrescenta-se ***-s*** ao verbo: *read – read**s***; *open – open**s***; *cook – cook**s***; *hang – hang**s***; *sit – sit**s*** etc.

2. **Verbos terminados em *s*, *ch*, *sh*, *x*, *z* e *o*:** acrescenta-se ***-es***: *pas**s** – pass**es***; *pu**sh** – push**es***; *mar**ch** – march**es***; *fi**x** – fix**es***; *buz**z** – buzz**es***; *d**o** – do**es*** etc.

3. **Verbos terminados em *vogal* + *y*:** acrescenta-se *-s*: *stay* – *stays*; *enjoy* – *enjoys*; *play* – *plays* etc.

4. **Verbos terminados em *consoante* + *y*:** transforma-se *y* em ***i*** e acrescenta-se *-es*: *try* – ***tries***; *bury* – *bur**ies***; *study* – *stud**ies***; *dry* – *dr**ies*** etc.

Interrogativa: auxiliar ***do*** (com sujeitos *I*, *you*, *we* e *they*) ou ***does*** (com sujeitos *he*, *she* e *it*) antes do sujeito. O verbo fica na forma-base (infinitivo).

> ***Do*** *you know my sisters?*
> Você conhece minhas irmãs?
> ***Does*** *he live far from here?*
> Ele mora longe daqui?

Negativa: verbo precedido de ***do not*** ou ***don't*** (com *I*, *you*, *we* e *they*) ou de ***does not*** ou ***doesn't*** (com *he*, *she* e *it*). O verbo fica na forma-base (infinitivo).

> *We* ***do not*** *discuss this subject pretty often.*
> Nós **não** discutimos esse assunto muito frequentemente.
> *The table* ***doesn't*** *cost lots of money.*
> A mesa **não** custa muito dinheiro.

Interrogativa-negativa: de modo geral, usa-se ***don't*** (com sujeitos *I*, *you*, *we* e *they*) ou ***doesn't*** (com sujeitos *he*, *she* e *it*) antes do sujeito. O verbo fica na forma-base (infinitivo).

Don't *you realize what's happening?*

Você não percebe o que está acontecendo?

Doesn't *Carlos do physical activities?*

O Carlos não faz atividade física?

USOS

Entre os usos principais do *simple present*, estão:

a. falar de fatos e verdades gerais;
b. descrever hábitos, costumes e rotinas;
c. expressar sentimentos, preferências e opiniões;
d. falar de uma situação atual etc.

Exemplos:

Water ***freezes*** *at zero degree Celsius.*

A água **congela** a zero grau Celsius.

I ***don't speak*** *Japanese.*

Eu **não falo** japonês.

I often ***get up*** *at 8:00 in the morning.*

Eu geralmente **levanto** às 8h da manhã.

She ***hates*** *you.*

Ela te **odeia**.

My mom ***works*** *in a business company.*

Minha mãe **trabalha** em uma empresa de negócios.

ATENÇÃO Os auxiliares ***do*** e ***does*** podem aparecer em frases afirmativas, porém sempre funcionarão como enfatizadores. O verbo fica na forma-base (infinitivo). Veja:

*Mike and Jane **do** know how to welcome people.*
*= Mike and Jane **really** know how to welcome people.*
Mike e Jane **realmente** sabem como receber as pessoas.

*That **does** depend on the president's decision.*
*= That **really** depends on the president's decision.*
Isso depende **mesmo** da decisão do presidente.

PRESENT CONTINUOUS/PROGRESSIVE
(PRESENTE CONTÍNUO/PROGRESSIVO)

ESTRUTURA

Verbo ***to be*** no presente (*am*, *is*, *are*) + **verbo terminado em -*ing***. Veja as regras para a formação de frases afirmativas, interrogativas, negativas e interrogativas-negativas na seção **"Verbo *to be*" – conjugação no presente**.

*I **am studying** at the moment.*
Eu **estou estudando** no momento.

*She **is traveling** to Rome in two weeks.*
Ela **vai viajar** para Roma em duas semanas.

*What **are** you **cooking**?*
O que você **está cozinhando**?

***Are** you **having** a baby?*
Você **vai ter** um bebê?

*He **isn't lying** to you.*
Ele não **está mentido** para você.

I'm not ***exaggerating**!*

Eu não **estou exagerando**!

*They **are** not **planning** anything secret.*

Eles não **estão planejando** nada secreto.

REGRAS PARA O ACRÉSCIMO DE -ING

1. **Regra geral:** acrescenta-se *-ing* à maioria dos verbos, sem alteração: *read – read**ing***; *sleep – sleep**ing***; *watch – watch**ing***; *talk – talk**ing***; *fix – fix**ing***; *play – play**ing***; *study – study**ing***; *go – go**ing*** etc.

2. **Verbos terminados em -*e* (não em -*ee*):** essa vogal desaparece e acrescenta-se *-ing*: *take – tak**ing***; *make – mak**ing***; *organize – organiz**ing***; *live – liv**ing***; *paste – past**ing*** etc.

3. **Verbos terminados em -*ie*:** substitui-se *-ie* por *-y* antes do acréscimo de *-ing*: *lie – **lying***; *die – **dying***; *tie – **tying*** etc.

4. **Verbos terminados em *c*:** acrescenta-se *k* antes de *-ing*: *picnic – picnic**king***; *panic – panic**king***; *mimic – mimic**king*** etc.

5. **Verbos monossílabos terminados em CVC (consoante-vogal-consoante):** dobra-se a última consoante antes do acréscimo de *-ing*: *get – get**ting***; *run – run**ning***; *set – set**ting***; *jog – jog**ging***; *stop – stop**ping***; *put – put**ting***; *swim – swim**ming*** etc.

am, ***is*** e ***are*** podem se contrair com o sujeito: *I* ***am*** = *I'****m***; *you* ***are*** = *you'****re***; *he* ***is*** = *he'****s*** etc.

USOS

Entre os usos do *present continuous*, estão:

a. indicar que uma ação ou situação está em andamento ou em progresso durante o momento da fala;
b. indicar um acontecimento no futuro que foi planejado, intencional ou esperado;
c. indicar que algo está acontecendo dentro de um período de tempo (semana, mês, ano), não necessariamente no momento exato da fala etc.

Exemplos:

*Get me an umbrella because it'****s raining***.
Pegue um guarda-chuva para mim porque **está chovendo**.
Why ***are*** *you* ***crying***?
Por que você **está chorando**?
Sarah ***is taking*** *the night flight back.*
Sarah **vai pegar** o voo da noite de volta.
I ***am visiting*** *some old friends in Chicago next week.*
Visitarei alguns velhos amigos em Chicago semana que vem.
I ***am reading*** *a very interesting book.*
Estou lendo um livro muito interessante.
Where ***are*** *you* ***working***?
Onde você **está trabalhando**?

Há verbos que não podem ser usados em tempos contínuos/progressivos. Para um estudo do assunto, consulte a dúvida **75**.

PRESENT PERFECT (PRESENTE PERFEITO)

ESTRUTURAS

Afirmativa: auxiliar ***have*** (com *I*, *you*, *we* e *they*) ou ***has*** (com *he*, *she* e *it*) + **verbo no particípio passado**, o qual pode ser regular, terminado em ***-ed*** (para todas as pessoas gramaticais), ou irregular. Os verbos irregulares precisam ser memorizados individualmente (para obter auxílio nesse processo, consulte a dúvida **36**).

*We **have arrived**.*
Chegamos.
*She **has done** a lot for us.*
Ela **tem feito** muito por nós.

Interrogativa: auxiliar ***have*** ou ***has*** antes do sujeito.

***Have** you tried that strawberry cake?*
Você experimentou aquele bolo de morango?
***Has** he written the e-mail yet?*
Ele já escreveu o e-mail?

Negativa: ***have not*** (ou ***haven't***) ou ***has not*** (ou ***hasn't***) antes do verbo no particípio passado.

*They **haven't** had time to analyse my proposal.*
Eles **não** tiveram tempo de analisar minha proposta.

*He **has not** found his keys.*
Ele **não** encontrou as chaves dele.

Interrogativa-negativa: de modo geral, usa-se ***haven't*** ou ***hasn't*** antes do sujeito.

***Haven't** they slept well? Why?*
Eles não têm dormido bem? Por quê?
***Hasn't** time passed fast?*
O tempo não passou rápido?

> O auxiliar ***have*** ou ***has*** pode ser contraído com o sujeito: *I have = I'**ve***; *She has = She'**s*** etc.

USOS

Entre os usos do *present perfect*, estão:

a. indicar que uma ação iniciada em um momento indefinido no passado ainda não acabou, a qual, portanto, continua no presente (é comum a presença de *for*, *since*, *already*, *recently* e *lately* com frases no *present perfect*);
b. indicar uma ação que começou e terminou em um momento não definido no passado ou em um momento que não interessa ao falante dizer etc.

Exemplos:

*I **have worked** in that company for a decade.*
Eu **trabalho** naquela empresa há uma década.

*You **have helped** me a lot lately.*

Você **tem** me **ajudado** muito ultimamente.

*He **has** not **been** here recently.*

Ele não **esteve** aqui recentemente.

*Clarisse **has missed** the bus.*

Clarisse **perdeu** o ônibus.

*They **have disappeared**.*

Eles **desapareceram**.

*What **have** you **done**?*

O que você **tem feito**?

PRESENT PERFECT CONTINUOUS/PROGRESSIVE (PRESENTE PERFEITO CONTÍNUO/PROGRESSIVO)

ESTRUTURAS

Afirmativa: auxiliar ***have*** (com *I*, *you*, *we* e *they*) ou ***has*** (com *he*, *she* e *it*) + ***been*** + **verbo terminado em -*ing***. Para saber as regras de acréscimo de -*ing* ao verbo, consulte a seção *Present Continuous/Progressive*.

*We **have been keeping** a good relationship.*

Nós **temos mantido** um bom relacionamento.

*He **has been waiting** for her for more than an hour.*

Ele **está esperando** por ela há mais de uma hora.

Interrogativa: auxiliar ***have*** ou ***has*** antes do sujeito.

***Have** I been acting like a jerk?*

Eu tenho agido como um idiota?

***Has** your cat been eating the food you made?*

O seu gato tem comido a ração que você fez?

Negativa: ***have not*** (ou ***haven't***) ou ***has not*** (ou ***hasn't***) antes de *been* e do verbo terminado em *-ing*.

Look, I ***haven't*** *been treating you the way you deserve. Sorry for that.*
Olha, eu **não** tenho te tratado da forma que você merece. Desculpe por isso.

Maria ***hasn't*** *been drinking too much.*
Maria **não** tem bebido muito.

Interrogativa-negativa: de modo geral, usa-se ***haven't*** ou ***hasn't*** antes do sujeito.

Haven't *you been supporting your sister?*
Você não tem apoiado sua irmã?

Hasn't *she been working since 7:00am?*
Ela não tem trabalhado desde as 7h da manhã?

> O auxiliar ***have*** ou ***has*** pode ser contraído com o sujeito: *I have* = *I'****ve****; She has* = *She'****s*** etc.

USO

O *present perfect continuous* e o *present perfect* compartilham um mesmo uso em comum: indicam que uma ação iniciada em um momento indefinido no passado ainda não acabou, a qual, portanto, continua no presente. O *present perfect continuous*, porém, é empregado para **enfatizar a continuidade ou a duração da ação**. Para entender isso, compare o par de frases abaixo, formado por presente perfeito e presente perfeito contínuo, respectivamente:

*I **have studied** in this school for ten years.*
Eu **estudo** nesta escola há dez anos.
*I **have been studying** in this school for ten years.*
Eu **estou estudando/tenho estudado** nesta escola há dez anos.

Apesar de as duas frases terem praticamente o mesmo sentido, o *present perfect continuous* na segunda traz um foco maior na duração do evento, ou seja, a ênfase está no fato de que eu ainda estudo na escola, de que a ação de estudar naquele lugar mantém uma continuidade, é ainda um processo que não está concluído.

GRUPO 2

TEMPOS VERBAIS ENVOLVENDO O PASSADO

SIMPLE PAST (PASSADO SIMPLES)

ESTRUTURAS

Afirmativa: verbo regular, terminado em -*ed* (para todas as pessoas gramaticais), **ou irregular.** Os verbos irregulares precisam ser memorizados individualmente (para obter auxílio nesse processo, consulte a dúvida **36**).

*Last year, I **traveled** to the United States to teach Portuguese to Americans.*
Ano passado, eu **viajei** para os Estados Unidos para ensinar português a americanos.

*Mom **cooked** codfish for dinner.*

Minha mãe **fez** bacalhau para o jantar.

*My brand new t-shirt **shrank** after I washed it.*

Minha camiseta novinha **encolheu** depois de eu a lavar.

REGRAS PARA O ACRÉSCIMO DE **-ED**

1. **Regra geral:** acrescenta-se -***ed*** ao verbo: *work – work**ed**; open – open**ed**; treat – treat**ed**; fix – fix**ed**; pour – pour**ed**; watch – watch**ed*** etc.

2. **Verbos terminados em -*e* (e alguns em -*ee*):** acrescenta-se -***d***: *danc**e** – danc**ed**; lov**e** – lov**ed**; lik**e** – lik**ed**; prov**e** – prov**ed**; determin**e** – determin**ed**; fr**ee** – fr**eed**; agr**ee** – agr**eed*** etc.

3. **Verbos terminados em *vogal + y*:** acrescenta-se -***ed***: *pla**y** – pla**yed**; sta**y** – sta**yed**; enjo**y** – enjo**yed**; pra**y** – pra**yed*** etc.

4. **Verbos terminados em *consoante + y*:** transforma-se *y* em ***i*** e acrescenta-se -***ed***: *try – tr**ied**; study – stud**ied**; dry – dr**ied**; bury – bur**ied**; envy – env**ied*** etc.

5. **Verbos monossílabos terminados em consoante-vogal-consoante (CVC):** dobra-se a última consoante e acrescenta-se -***ed***: *stop – sto**pped**; step – ste**pped**; drop – dro**pped**; hug – hu**gged*** etc.

6. **Verbos terminados em c:** acrescenta-se *k* antes de -***ed***: *picnic – picnic**ked**; panic – panic**ked**; mimic – mimic**ked*** etc.

Interrogativa: o auxiliar ***did*** é colocado antes do sujeito, e o verbo fica na forma-base (infinitivo).

Did *you do your homework in class?*
Você fez seu dever de casa na aula?

Did *they get married in 1997 or 1998? I am confused now.*
Eles se casaram em 1997 ou 1998? Estou confusa agora.

Negativa: coloca-se ***did not*** ou ***didn't*** antes do verbo. O verbo fica na forma-base (infinitivo).

We ***didn't*** *know that the situation had reached this point.*
Não sabíamos que a situação tinha chegado a este ponto.

Fabiana ***didn't*** *have a lot of friends in high school.*
Fabiana **não** teve muitos amigos no ensino médio.

Interrogativa-negativa: de modo geral, ***didn't*** é colocado antes do sujeito. O verbo fica na forma-base (infinitivo).

Didn't *she live across the street?*
Ela não morava do outro lado da rua?

Didn't *you know that?*
Você não sabia disso?

USOS

Entre os usos principais do *simple past*, estão:

a. indicar um acontecimento ocorrido em um momento definido no passado, equivalendo ao pretérito perfeito em português. Para marcar exatamente quando a ação aconteceu, é comum aparecerem advérbios e expressões adverbiais junto com esse tempo verbal, tais como *half an hour ago, yesterday, at 2:00pm, in my childhood, on my birthday, in 2008* etc. Muitas vezes, porém, a informação sobre quando a ação aconteceu pode ficar subentendida;

b. indicar um hábito no passado. Neste caso, o *simple past* corresponderá ao pretérito imperfeito em português.

Exemplos:

*I **made** this cake using four carrots and brown sugar.*
Eu **fiz** esse bolo com quatro cenouras e açúcar mascavo.

*Before passing away, Beth constantly **talked** about her trips around the country.*
Antes de falecer, Beth **falava** constantemente das viagens dela pelo país.

*The Second World War **started** in 1939.*
A Segunda Guerra Mundial **começou** em 1939.

*I always **helped** my brothers with their homework.*
Eu sempre **ajudava** meus irmãos com o dever de casa deles.

*I **loved** dancing ballet with teacher Phoebe.*
Eu **amava** dançar balé com a professora Phoebe.

ATENÇÃO O auxiliar ***did*** pode aparecer em frases afirmativas, porém sempre funcionará como um enfatizador. Veja:

*He **did** lie to you!*
*= He **really** lied to you!*
Ele mentiu **mesmo** para você!

PAST CONTINUOUS/PROGRESSIVE
(PASSADO CONTÍNUO/PROGRESSIVO)

ESTRUTURA

Verbo ***to be*** no passado (*was*, *were*) + **verbo terminado em -*ing***. Veja as regras para a formação de frases afirmativas, interrogativas, negativas e interrogativas-negativas na seção **"Verbo *to be*" - conjugação no passado**.

*Fred **was mowing** the lawn this afternoon.*
Fred **estava cortando** a grama hoje à tarde.

*We **were driving** downtown when the storm hit.*
Nós **estávamos dirigindo** para o centro quando a tempestade começou.

*The train **was** just **pulling** into the station when we got there.*
O trem **estava** quase **chegando** à estação quando chegamos lá.

*We **were thinking** about going out for dinner.*
Estávamos pensando em sair para jantar.

*I **was thinking** I might go camping this weekend.*
Eu **estava pensando** que eu poderia ir acampar neste fim de semana.

> Para consultar as regras de acréscimo de -*ing* ao verbo, veja a seção ***Present Continuous/Progressive***

> ***was*** e ***were*** não podem se contrair com o sujeito: *I **was***; *you **were***; *he **was*** etc.

USOS

Entre os usos do *past continuous*, estão:

a. descrever uma ação que estava em progresso/andamento no passado;
b. descrever uma ação que estava em andamento quando outra ação de repente aconteceu (esta última ação fica sempre no *simple past*).

Exemplos:

*One year ago today, I **was taking** my final exams before graduating.*
Há exatamente um ano, eu **estava fazendo** minhas provas finais antes de me formar.

*At that time, Camila **was wearing** braces and **living** in São Paulo.*
Naquele tempo, Camila **estava usando** aparelho e **morando** em São Paulo.

*The girl **was playing** on the floor when a bug bit her.*
A menina **estava brincando** no chão quando um besouro a picou.

*While we **were walking** on the beach, it started raining.*
Enquanto **estávamos caminhando** na praia, começou a chover.

PAST PERFECT (PASSADO PERFEITO)

ESTRUTURAS

Afirmativa: auxiliar ***had*** (para todas as pessoas gramaticais) + **verbo no particípio passado**, o qual pode ser regular, terminado em -***ed*** (para todas as pessoas gramaticais), ou irregular. Os verbos irregulares precisam ser memorizados individualmente (para obter auxílio nesse processo, consulte a dúvida **36**).

*We **had experienced** it before.*
Nós **tínhamos experienciado** isso antes.

*I **had saved** plenty of money for that trip.*

Eu **havia economizado** muito dinheiro para aquela viagem.

Interrogativa: auxiliar ***had*** antes do sujeito.

***Had** you already seen anything like this?*

Você já tinha visto algo assim?

***Had** she arrived home before us?*

Ela tinha chegado em casa antes de nós?

Negativa: ***had not*** (ou ***hadn't***) antes do verbo no particípio passado.

*I **hadn't** allowed it.*

Eu **não** havia permitido isso.

*He **had not** realized anything.*

Ele **não** tinha percebido nada.

Interrogativa-negativa: de modo geral, usa-se ***hadn't*** antes do sujeito.

***Hadn't** she gone to sleep?*

Ela não tinha ido dormir?

***Hadn't** we just seen her chatting with our friends?*

Nós não tínhamos acabado de vê-la conversando com nossos amigos?

> O auxiliar ***had*** pode ser contraído com o sujeito: *I had* = ***I'd***; *You had* = *You**'d***; *She had* = *She**'d*** etc.

USOS

Entre os usos do *past perfect*, está:

expressar um fato que aconteceu no passado antes de outro também ocorrido no passado (passado anterior a outro passado). O *past perfect* expressa sempre o primeiro fato, enquanto o fato posterior ocorre no *simple past*:

I got the promotion because I ***had sold*** *more than 30 pairs of shoes.*
Eu consegui a promoção porque eu **tinha vendido** mais de 30 pares de sapatos.

When I got to the store, the cellphone I wanted to buy ***had*** *already* ***been*** *sold.*
Quando eu cheguei à loja, o celular que eu queria comprar já **tinha sido** vendido.

The bus ***had departed*** *five minutes before I arrived.*
O ônibus **tinha partido** cinco minutos antes de eu chegar.

Had *you* ***declared*** *your love for Claire before she married Andrew?*
Você **tinha declarado** seu amor pela Claire antes de ela se casar com Andrew?

PAST PERFECT CONTINUOUS/PROGRESSIVE (PASSADO PERFEITO CONTÍNUO/PROGRESSIVO)

ESTRUTURAS

Afirmativa: auxiliar ***had*** + ***been*** + **verbo terminado em -*ing*.** Para saber as regras de acréscimo de *-ing* ao verbo, consulte a seção *Present Continuous/Progressive*.

She didn't go shopping because it ***had been raining*** *all day.*
Ela não foi às compras porque **tinha chovido** o dia todo.

*He **had been waiting** for you over there.*
Ele **estava esperando** por você lá.

Interrogativa: auxiliar ***had*** antes do sujeito.

***Had** you been swimming?*
Você estava nadando?
***Had** Camila been getting in touch with you?*
A Camila esteve entrando em contato com você?

Negativa: ***had not*** (ou ***hadn't***) antes de *been* e do verbo terminado em *-ing*.

*They flunked the exam because they **hadn't** been studying enough.*
Eles foram mal na prova porque eles **não** estavam estudando o suficiente.
*I **had not** been running for more than twenty minutes, but I felt very tired.*
Eu **não** estava correndo por mais de vinte minutos, mas eu me senti muito cansado.

Interrogativa-negativa: de modo geral, usa-se ***hadn't*** antes do sujeito.

***Hadn't** you been keeping track of time during the competition?*
Você não esteve monitorando o tempo durante a competição?
***Hadn't** she been reacting to all criticism towards her?*
Ela não estava reagindo a toda a crítica direcionada a ela?

> O auxiliar ***had*** pode ser contraído com o sujeito: *I had* = ***I'd***; *You had* = *You'**d***; *She had* = *She'**d*** etc.

USOS

O *past perfect continuous* e o *past perfect* compartilham um mesmo uso em comum: indicam uma ação iniciada no passado antes de outra ação também no passado. O ***past perfect continuous***, porém, é empregado para **enfatizar a repetição ou a duração da ação**. Para entender isso, compare o par de frases abaixo, formado por passado perfeito e passado perfeito contínuo, respectivamente:

> ***I'd waited*** *an hour for the bus.*
> Eu **tinha esperado** uma hora pelo ônibus.
> ***I'd been waiting*** *an hour for the bus.*
> Eu **estava esperando** uma hora pelo ônibus.

Apesar de as duas frases soarem parecidas, o ***past perfect continuous*** na segunda traz um foco maior na duração do evento, ou seja, a ênfase está na espera pelo ônibus, que se estendeu por uma hora, mantendo, nesse período, uma continuidade, mostrando um processo que não estava concluído. Essa interpretação não é vista na primeira frase, construída com o *past perfect*, a qual enfatiza não a duração, mas a finalização do evento.

GRUPO 3

TEMPOS VERBAIS

ENVOLVENDO O FUTURO

SIMPLE FUTURE (FUTURO SIMPLES)

ESTRUTURAS

Afirmativa: auxiliar ***will*** + **verbo na forma-base** (infinitivo) sem a partícula *to*.

*We **will stay** a little bit longer.*
Nós **vamos ficar** um pouquinho mais.
*Henry **will arrive** soon.*
Henry **chegará** em breve.

Interrogativa: auxiliar ***will*** antes do sujeito.

***Will** you be here at noon?*
Você estará aqui ao meio-dia?
***Will** Renata and you make a deal?*
Renata e você farão um acordo?

Negativa: ***will not*** (ou ***won't***) antes do verbo.

*We **will not** travel without you.*
Nós **não** viajaremos sem você.
*The cat **won't** eat the food if you mix it with vegetables.*
O gato **não** vai comer a ração se você misturá-la com legumes.

Interrogativa-negativa: de modo geral, usa-se ***won't*** antes do sujeito.

> ***Won't*** *you believe me?*
> Você não vai acreditar em mim?
>
> ***Won't*** *he apologize?*
> Ele não se desculpará?

---

1. Com a primeira pessoa do singular (*I*) e do plural (*we*), pode-se empregar ***shall*** em vez de ***will***, mantendo-se o mesmo sentido. A formação de perguntas com *shall* segue a mesma regra de *will*, ao passo que as frases negativas são construídas com ***shall not*** ou ***shan't*** antes do verbo.

2. Tanto ***will*** quanto ***shall*** podem ser contraídos com o sujeito pronominal: *I* ***will****/I* ***shall*** = *I'****ll***; ***We will/ We shall*** = *We'****ll***; ***He will*** = *He'****ll*** etc.

USOS

Entre os usos do *simple future*, estão:

a. referir-se ao futuro de maneira geral ou de modo vago. Nesse contexto, é comum a presença de advérbios e expressões adverbiais como *sometime*, *in future*, *in the future*, *one of these days*, *some day*, *sooner or later* etc.;

b. falar de fatos sobre o futuro;

c. expressar decisões repentinas, sem planejamento prévio, tomadas no momento da fala.

Exemplos:

*I'll **drop by** some time.*

Eu **passarei** aí algum dia.

*Sooner or later he **will ask** you to join the team.*

Mais cedo ou mais tarde ele **vai** te **pedir** para se juntar ao time.

*Next year, my birthday **will fall** on a Wednesday.*

Ano que vem, meu aniversário **vai cair** em uma quarta-feira.

*I'll **be** 30 on March 19th.*

Eu **estarei** com 30 anos em 19 de março.

*Ok, **I'll go**.*

Ok, eu **irei**.

*Sue **will take** you to the airport.*

Sue **vai levar** você ao aeroporto.

FUTURE CONTINUOUS/PROGRESSIVE
(FUTURO CONTÍNUO/PROGRESSIVO)

ESTRUTURAS

Afirmativa: auxiliar ***will*** + ***be*** + **verbo terminado em -*ing*.**

*Come tonight around 7:00pm. Mom **will be baking** a chocolate cake.*

Venha hoje à noite por volta das 19h. Minha mãe **estará assando** um bolo de chocolate.

*I'll **be calling** you several times until you solve my problem.*

Eu **estarei** te **chamando** várias vezes até você resolver meu problema.

Para consultar as regras de acréscimo de -*ing* ao verbo, veja a seção ***Present Continuous/Progressive***

Interrogativa: auxiliar ***will*** antes do sujeito.

Will *you be going away this summer?*

Você estará viajando neste verão?

Will *she be teaching tonight?*

Ela estará dando aula hoje à noite?

Negativa: ***will not*** (ou ***won't***) antes de ***be*** e do verbo terminado em *-ing*.

This time tomorrow, Sandy ***won't*** *be sleeping anymore.*

A esta hora amanhã, Sandy **não** estará mais dormindo.

I ***will not*** *be studying at 4:00pm.*

Eu **não** estarei estudando às 4h da tarde.

Interrogativa-negativa: de modo geral, usa-se ***won't*** antes do sujeito.

Won't *you be studying at 3:00pm?*

Você não estará estudando às 3h da tarde?

Won't *Carla be arriving at the party at this time?*

A Carla não estará chegando na festa a esta hora?

1. Com as primeiras pessoas do singular (*I*) e do plural (*we*), pode-se empregar ***shall*** em vez de ***will***, mantendo-se o mesmo sentido. A formação de perguntas com *shall* segue a mesma regra de *will*, ao passo que as frases negativas com *shall* são construídas com ***shall not*** ou ***shan't*** antes do verbo.

2. Tanto ***will*** quanto ***shall*** podem ser contraídos com o sujeito pronominal: ***I will/I shall*** = *I'll*; ***We will/ We shall*** = *We'll*; ***He will*** = *He'll* etc.

USO

Usamos o *future continuous* para falar de ações ou eventos que estarão em andamento ou em progresso em um momento específico no futuro, ou, ainda, de eventos que estão programados ou que se espera que aconteçam. Exemplos:

> *Tomorrow, exactly at this time, I* ***will be leaving*** *my job.*
> Amanhã, exatamente a esta hora, eu **estarei largando** meu emprego.
> *Please, don't call me at noon, I'****ll be having*** *lunch.*
> Por favor, não me ligue ao meio-dia. Eu **vou estar almoçando**.
> *When you arrive at the airport, I* ***will not be waiting*** *for you, so take a taxi.*
> Quando você chegar ao aeroporto, eu **não estarei esperando** você, então pegue um táxi.

FUTURE PERFECT (FUTURO PERFEITO)

ESTRUTURAS

Afirmativa: auxiliar ***will*** + ***have*** + **verbo no particípio passado**, o qual pode ser regular, terminado em ***-ed*** (para todas as pessoas gramaticais), ou irregular. Os verbos irregulares precisam ser memorizados individualmente (para obter auxílio nesse processo, consulte a dúvida **36**).

> *Come tonight around 7:00pm. Mom* ***will have baked*** *a chocolate cake.*
> Venha hoje à noite lá pelas 7:00. Minha mãe **vai ter assado** um bolo de chocolate.
>
> *We* ***will have gotten*** *married within two months.*
> Nós **teremos nos casado** dentro de dois meses.

Interrogativa: auxiliar ***will*** antes do sujeito.

> ***Will*** *you have kept this secret until tomorrow?*
> Você terá mantido este segredo até amanhã?
> ***Will*** *she have read the book in time for the test?*
> Ela terá lido o livro a tempo para a prova?

Negativa: ***will not*** (ou ***won't***) antes de ***have*** e do verbo no particípio passado.

> *This time tomorrow, Sandy* ***will not*** *have signed all the paperwork.*
> A esta hora amanhã, Sandy **não** terá assinado toda a papelada.
> *If I decide to turn them in, I* ***won't*** *have done anything wrong.*
> Se eu decidir entregá-los, eu **não** terei feito nada errado.

Interrogativa-negativa: de modo geral, usa-se ***won't*** antes do sujeito.

> ***Won't*** *we have sold all the stuff in one week? Is that what you think?*
> Não teremos vendido todas as coisas em uma semana? É isso que você acha?
> ***Won't*** *she have given up her choice?*
> Ela não terá desistido da escolha dela?

---

1. ***Shall*** pode ser usado no lugar de ***will*** para a primeira pessoa do singular e do plural. A formação de perguntas com *shall* segue a mesma regra de *will*, ao passo que as frases negativas com *shall* são construídas com ***shall not*** ou ***shan't*** antes do verbo.

2. Tanto ***will*** quanto ***shall*** podem ser contraídos com o sujeito pronominal: *I* ***will****/I* ***shall*** = *I'****ll****;* ***We will/ We shall*** = *We'****ll****;* ***He will*** = *He'****ll*** etc.

USO

Usamos o *future perfect* para falar de ações ou eventos que estarão concluídos em algum momento no futuro. É comum o uso de expressões adverbiais de tempo, como *by next week, by the end of this year, by tomorrow, for three years, at three o' clock* etc. Exemplos:

Margaret ***will have married*** *Josh by then.*
Margaret **terá se casado** com o Josh até então.

The storm ***will have raged*** *by the time we arrive.*
A tempestade **terá rugido** quando nós chegarmos.

Daddy ***will have fixed*** *the car for us to travel.*
Papai **terá consertado** o carro para nós viajarmos.

Next month my parents ***will have been*** *together for thirty years.*
Mês que vem, meus pais **terão estado** juntos há trinta anos.

FUTURE PERFECT CONTINUOUS/PROGRESSIVE
(FUTURO PERFEITO CONTÍNUO/PROGRESSIVO)

ESTRUTURAS

Afirmativa: auxiliar ***will*** + ***have*** + ***been*** verbo terminado em *-ing*. Para saber as regras de acréscimo de *-ing* ao verbo, consulte a seção ***Present Continuous/Progressive***.

I ***will have been running*** *for two hours.*
Eu **estarei correndo** por duas horas.

At five o'clock, I ***will have been waiting*** *for thirty minutes.*
Às cinco horas, eu **estarei esperando** por trinta minutos.

Interrogativa: auxiliar ***will*** antes do sujeito.

Will *you have been grading the exams tomorrow morning?*
Você estará corrigindo os exames amanhã de manhã?

Will *Carlos have been painting my bedroom soon as agreed?*
O Carlos estará pintando meu quarto em breve como acordamos?

Negativa: ***will not*** (ou ***won't***) antes de ***have been*** e do verbo terminado em *-ing*.

You ***won't*** *have been drinking, will you?*
Você **não** estará bebendo, estará?

We ***won't*** *have been talking for too long.*
Nós **não** estaremos conversando por muito tempo.

Interrogativa-negativa: de modo geral, usa-se ***won't*** antes do sujeito.

Won't *Bob have been studying in the library before he comes to the class?*
O Bob não estará estudando na biblioteca antes de ele vir para a aula?

Won't *I have been arranging all the necessary materials before the program starts?*
Eu não estarei cuidado de todos os materiais necessários antes de o programa começar?

1. ***Shall*** pode ser usado no lugar de ***will*** para a primeira pessoa do singular e do plural. A formação de perguntas com *shall* segue a mesma regra de *will*, ao passo que as frases negativas com *shall* são construídas com ***shall not*** ou ***shan't*** antes do verbo.

2. Tanto ***will*** quanto ***shall*** podem ser contraídos com o sujeito pronominal: *I **will**/I **shall*** = *I'll*; ***We will/ We shall*** = *We'll*; ***He will*** = *He'll* etc.

USO

O *future perfect continuous* e o *future perfect* compartilham um mesmo uso em comum: indicam uma ação que estará terminada, concluída em algum momento futuro. O *future perfect continuous*, porém, é empregado para **enfatizar a repetição, a continuação ou a duração da ação** antes de seu término no futuro. Para entender isso, compare o par de frases a seguir, formado por futuro perfeito e futuro perfeito contínuo, respectivamente:

> *By the end of next month, I **will have lived** here for five years.*
> No fim do mês que vem, eu **terei morado** aqui por cinco anos.
> *By the end of next month, I **will have been living** here for five years.*
> No fim do mês que vem, eu **estarei morando** aqui há cinco anos.

Apesar de as duas frases soarem parecidas, o *future perfect continuous* na segunda traz um foco maior na duração do evento, ou seja, a ênfase não está no término da ação, mas reside na continuidade do processo de moradia, que se repete e se estende. Essa interpretação não é vista na primeira frase, construída com o *future perfect*, a qual enfatiza não a duração, mas a finalização do processo.

REFERÊNCIAS BIBLIOGRÁFICAS

CAMBRIDGE UNIVERSITY PRESS. *Cambridge Advanced Learner's Dictionary*. 4. ed. Cambridge: Cambridge University Press, 2013.

CARTER, R; McCARTHY, M. *Cambridge Grammar of English*. UK: Cambridge University Press, 2006.

COE, N; HARRISON, M.; PATERSON, K. *Oxford Practice Grammar*. Oxford: Oxford University Press, 2006.

FOGARTY, M. *The Grammar Devotional: Daily Tips for Successful Writing from Grammar Girl*. New York: St. Martin's Griffin, 2009.

HARPERCOLLINS PUBLISHERS. *Collins Cobuild English Usage*. 2. ed. UK: HarperCollins Publishers, 2004.

HARPERCOLLINS PUBLISHERS. *Collins Cobuild Advanced Dictionary of American English*. UK: HarperCollins Publishers, 2007.

HARPERCOLLINS PUBLISHERS. *Collins Cobuild English Grammar*. 3. ed. UK: HarperCollins Publishers, 2011.

HEWINGS, M. *Grammar for CAE and Proficiency*. Cambridge: Cambridge University Press, 2009.

HEWINGS, M. *Advanced Grammar in Use*. 3. ed. Cambridge: Cambridge University Press, 2013.

KIRSZNER, L. G; MANDELL, S. R. *Focus on Writing: Paragraphs and Essays*. 4. ed. New York: Macmillan, 2017.

LEECH, G.; CRUICKSHANK, B; IVANIC, R. *An A-Z of English Grammar and Usage*. 2. ed. Longman: Pearson, 2001.

MACMILLAN. *Macmillan English Dictionary for advanced learners of American English*. United Kingdom: Macmillan, 2002.

McCARTHY, M.; O'DELL, F. *English Vocabulary in Use*. Cambridge: Cambridge University Press, 2002.

MOORE, J. *Common Mistakes at Proficiency and How to Avoid Them*. Cambridge: Cambridge University Press, 2005.

MURPHY, R. *Essential Grammar in Use*. 3. ed. Cambridge: Cambridge University Press, 2007.

MURPHY, R. *English Grammar in Use*. 4. ed. Cambridge: Cambridge University Press, 2012.

OXFORD UNIVERSITY PRESS. *Oxford Collocations Dictionary for Students of English*. 2. ed. Oxford: OUP, 2009.

OXFORD UNIVERSITY PRESS. *Oxford Idioms Dictionary for Learners of English*. 2. ed. Oxford: OUP, 2006.

OXFORD UNIVERSITY PRESS. *Oxford Phrasal Verbs Dictionary for Learners of English*. 2. ed. Oxford: OUP, 2006.

PLAG, I. *Word-Formation in English*. UK: Cambridge University Press, 2003.

POWELL, D. *Common Mistakes at CAE and How to Avoid Them*. Cambridge: Cambridge University Press, 2005.

PRESCHER, E. *Tempos Verbais em Inglês*. São Paulo: Disal, 2011.

PRESCHER, E. *Substantivos em Inglês*. São Paulo: Disal, 2013.

PRESCHER, E. *Adjetivos e Advérbios em Inglês*. São Paulo: Disal, 2013.

SIDE, R.; WELLMAN, G. *Grammar and Vocabulary for Cambridge Advanced and Proficiency*. England: Longman, 2002.

SIQUEIRA, V. L. *O Verbo Inglês: teoria e prática*. 5. ed. São Paulo: Ática, 2006.

STEINBERG, M. *Morfologia Inglesa*. São Paulo: Ática, 1990.

SWAN, M. *Basic English Usage*. Oxford: Oxford University Press, 1984.

SWAN, M. *Practical English Usage*. Oxford: Oxford University Press, 1980.

SWAN, M. *Practical English Usage*. 4. ed. Oxford: Oxford University Press, 2016.

SWAN, M.; WALTER, C. *How English Works: a grammar practice book*. Oxford: Oxford University Press, 1997.

SWAN, M.; BAKER, D. *Grammar Scan: Diagnostic Tests for Practical English Usage*. 3. ed. Oxford: Oxford University Press, 2008.

TAYFOOR, S. *Common Mistakes at First Certificate and How toAvoid Them*. Cambridge: Cambridge University Press, 2004.

THOMSON, A. J.; MARTINET, A. V. *A Practical English Grammar*. 4. ed. Oxford: Oxford University Press, 1986.

TORRES, N. *Gramática Prática da Língua Inglesa*: o inglês descomplicado. 11. ed. São Paulo: Saraiva, 2014.

VINCE, M. *Elementary Language Practice*. 2. ed. Macmillan: Macmillan Publishers Limited, 2003.

VINCE, M. *Intermediate Language Practice*. 2. ed. Macmillan: Macmillan Publishers Limited, 2003.

VINCE, M. *Advanced Language Practice*. 2. ed. Macmillan: Macmillan Publishers Limited, 2003.

YULE, G. *Explaining English Grammar*. Oxford: Oxford University Press, 1998.

AS AUTORAS

FERNANDA RIBEIRO possui licenciatura plena em Letras (Português, Inglês e Literaturas) pela Universidade Federal Rural do Rio de Janeiro, é Especialista em Ensino de Inglês pela Universidade Federal de Minas Gerais, Especialista em Tradução de Inglês pela Universidade Estácio de Sá e Mestre em Linguística pela Universidade Federal do Rio de Janeiro. Ensina inglês há mais de dez anos, com experiência em cursos de idioma, nos ensinos básico e superior, em preparatórios para concursos e no exterior. Organizou o livro *Práticas de Ensino de Inglês*, em três volumes, publicados pela Pedro & João Editores.

RAFAELA LOPES possui licenciatura plena em Letras (Português e Inglês) pela Universidade Paulista Interativa e pós-graduação em Ensino de Língua Inglesa pela Universidade Estácio de Sá, com certificação internacional de Professor de Língua Inglesa da Bridge TEFL, reconhecida pela ACCET (governo dos Estados Unidos) e pela comunidade internacional. Possui uma vasta experiência com o ensino língua inglesa em escolas de idiomas, em aulas particulares e em preparatórios para concursos. Além disso, atua como revisora de livros voltados para o ensino-aprendizagem de língua inglesa.

Este livro foi composto nas fontes Noka e Silva
e impresso em novembro de 2022 pela
Paym Gráfica e Editora, sobre papel offset.